U0523757

万榕

传播新知 优美表达

人共词清瘦 李清照传

夏葳 —— 著

北方联合出版传媒(集团)股份有限公司
万卷出版有限责任公司

ⓒ 夏葳 2023

图书在版编目（CIP）数据

人共词清瘦：李清照传 / 夏葳著. — 沈阳：万卷出版有限责任公司，2023.10
ISBN 978-7-5470-6280-7

Ⅰ.①人… Ⅱ.①夏… Ⅲ.①李清照（1084—约1151）– 传记 Ⅳ.①K825.6

中国国家版本馆CIP数据核字（2023）第107125号

出 品 人：王维良
出版发行：北方联合出版传媒（集团）股份有限公司
　　　　　万卷出版有限责任公司
　　　　　（地址：沈阳市和平区十一纬路29号　邮编：110003）
印 刷 者：天津鸿景印刷有限公司
经 销 者：全国新华书店
幅面尺寸：145mm×210mm
字　　数：230千字
印　　张：10
出版时间：2023年10月第1版
印刷时间：2023年10月第1次印刷
选题策划：王会鹏
责任编辑：张竞文
责任校对：张希茹
版式设计：任展志
封面设计：任展志
ISBN 978-7-5470-6280-7
定　　价：49.80元
联系电话：024-23224081
邮购热线：024-23224481

常年法律顾问：王　伟　版权所有　侵权必究　举报电话：024-23284090

序

千年清照

如 山

一颗高贵冷傲的心灵而花冠群芳,一腔生杰死雄的豪情而鹏举张扬。这颗心啊,可以坚硬如磐石,亦可以婉约如蜜糖。一壶酒,一楼月,一篱菊,一茎荷。这人生啊,少清秀,老亦瘦硬;清酒饮得,浊酒亦饮得;圆月照,缺月亦照。唯有一纸文字水上花,流进今古人间,流进岁月山河。

一个人如没有内心,没有精神,要这世界作何;一个人如没有高格,没有特行,人生岂不是虚设。论女子以色,俗;以才,亦俗。内心如日月,精神乃山河,格调有小大,境界有高低,各在自家目光胸襟。大清大明之世界,最可恨庸人俗人、烂人小人之多,不顾尊严,不及人格,活着而活着,淹没而淹没。谁能千年婉转一朵莲,超越存在，穿越时空，跃然闪耀你我精神之光波，心灵之堤岸。

从少女到美眷，从佳人到举案，从彩蝶到孤雁，从绚烂到黯淡。李清照，调皮、多情、执着、刚健。幸与不幸的交织，乐与痛的悲欢撕扯，一个完美的女人与一个不完美的时代，辗转流离，有她幸福的婉转，亦有她雄壮的叹惋，她的人，她的词，她的情，她的心。

从来命运镶嵌于时代的土壤而孕育的悲欣过往，欢笑化风又挥泪成雨，那些命运之神的眷顾和垂青，以及任性而致的点点风波烟云，无不在内心深处生了根，结了痂，柔软也罢，坚硬也罢，偏要顽强地盛开高贵的灿烂，唯有清照，千古一女子，一个时代，一场爱恋，一生决绝，一世悲欢。

一路风声，一路繁花凋零。那片片飞舞的花蝶随风，有怦然坠地的凄冷。

读清照，其文如品月，清明中需掬出冷寂；其人如饮酒，苦楚中需品出清甜。言为心声，一个女子的幸福因爱而来又因爱而去，一个女子的不幸却是时代的更迭飘零，一朵娇艳的水莲，一枝孤傲的瘦菊。人生的一场豪赌，竟是把盏对月的欢喜和落寞。在生离死别之间，在千转百回之中，一声长叹，一腔深情。

却是心的高贵和精神自由。

这高贵和自由，从老庄到孔孟，从陶渊明到苏东坡，到李清照，再到当下每一个你我。

李清照首先是一个女人，纵然她那么不凡，那么冷傲，她依然是一个伶俐可人、冰清玉洁的女子。她的婉约，不过男人的豪放，骨子里仍然是心安，是逍遥，是田园。这一脉相承的高贵和自由，即便放在你我，面对生命的种种遭际，亦是这般不卑不亢，亦是这般从容淡定。

为何读清照,譬如一弯月,望月思千古,需照见自家清明。群星闪耀的灵魂,是心灵之光,美丽而高贵,你我亦在此感召之中,面对不一样的生活和存在,而同样的淡定自若,而同样的大义凛然。我反复沉吟心的美丽和精神的高贵,在庸庸世俗之中,在重重沉浮之中,我总能望见一个女子的坚忍和安定,于是平庸的生活因一颗伟大的灵魂而有了光,即便身处困逆也能获得精神力量。生当作人杰,死亦为鬼雄。千年之前一个女子竟如此疾声痛语,何等胸襟,何等气魄。

君不见自家热血,又如何顶天立地柱做人。同样的一颗心啊,美丽而高贵,宁静而执着。同样的一腔血啊,激烈而偾张,雄浑而高亢。

为何读清照,譬如一枝花,欲拈心先陶。这烟海浩瀚,不仅有李白、杜甫、白居易,亦有易安居士,佳句信天成,花中独一流,读来为之感慨,为之流连。为何读清照,譬如一杯酒,把盏人已醉。这美好世间,不仅有陶渊明,不仅有苏东坡,亦有李清照,此等女子,诗词写得,人亦做得,读来为之拍案,为之击节。

如何读清照,不妨沿着夏葳的笔触,读她的繁花深处,读她的落英缤纷:这个唤作清照的女子,如清溪一般明澈,皎月一般灵秀。还有一种慧心稚气,裁得诗心巧作画。站在诗文里的易安,有着卓然不群的率真,亦有缠绵悱恻的婉约,更有一种耿直、一股勇气、一份洒脱。

女人读清照,自有心心相惜的安静和明媚,一位伟大的易安居士,便在夏葳的心中如莲花怒放,优美得如一团云,焕然归来,又淡然归去。

人间有味是清欢,唯有心灵相托付,世界是美的,自然是美的,人世是美的。沉吟乃诗词,沉浸竟人生。醉藕海棠花千阕,雁字满月心百结,这是清照;一语平仄无数泪,一行尾韵泣成血,这仍是清照。

如何读清照,如春雨如秋风,丝丝缕缕,点点滴滴,在夏葳笔下,一个女子怎样的亭亭玉立,怎样的千转百回,怎样的风雨飘摇,又怎样的玉殒香消。

在夏葳笔下,她,是宋代伟大的女词人,也是中国文学史上最伟大的女词人,被誉为"词中之屈李,闺中之苏辛",婉约词派"一代词宗"。她,拥有一段令世人称羡的爱情,赌书泼茶,夫唱妇随。她,见证了盛世北宋的最后狂欢,身历南宋偏安一隅的黍离之悲。风雨飘摇之际,她关心民瘼,凛然执笔讽喻今古。她,一生秉持独立的灵魂和飞扬的心性,柔情与豪情并重,雄壮之气直压须眉。她通音律,工散文,善博弈,精于考校金石,千古第一才女,千年才有如此一人。

读这样的清照,知其月满西楼,知其绿肥红瘦,知其倚门回首,知其东篱把酒,知她小女李家初长成,知她词女佳偶赵明诚,知她赌书泼茶别离苦,知她巾帼人老健康城。

于是,眼前春夏氤氲季节的温度,一卷在手,在文字中品味那隔着时光的繁华和冰凉,随着夏葳的叙述如香茗如清风。

女人的情怀,女人的心思,向来是深切的,是纯粹的。何况抛开时代命运,抛开天赋人事,对于一颗美丽而多情的心灵,一份高贵而自由的精神,又何须区分古人与今人。

何止是一个故事，一个传记，却要读出自己，那些清风明月的人间欢喜，那些痛彻心扉的命运撕扯，那些绞尽脑汁的刚下眉头，那些欲说还休的又上心头。时光和时代演绎的无数生死，生命和生活绽放的多少鲜活，是老庄，是孔孟，是陶苏，是清照，更是你我。

唯有心灵的高贵和精神的自由，超越时空，超越世俗。

名如其人,我一直这么认为。譬如,这个唤作清照的女子,一定如清溪一般明澈,皎月一般灵秀。当然,还有一种慧心稚气,裁得诗心巧作画。

诗如其人,一直也这么认为。站在诗文里的易安,眉目如画,有着卓然不群的率真,亦有缠绵悱恻的婉约,更有一种耿直,一股勇气,一份洒脱。这是一个女子难能可贵的品质,让人折服和敬赏。

这个春日的午后,阳光很干净,有着明亮的温暖。徜徉在《漱玉词》里的我,涉过千年的风霜,读她的绝世风华。我看到了,她绽放在诗词里的花容月貌,她舞着诗词的青纱袖,谈笑自若地走来,书写一袭清凉孤绝,倾吐一纸款款深情。

目 录

卷一　时光清浅，李家小女如春妍

第一节　书香门第　　　　　　　3
第二节　豆蔻年华　　　　　　　10
第三节　有竹堂居　　　　　　　20
第四节　名动京师　　　　　　　26
第五节　剑胆琴心　　　　　　　32

卷二　佳偶天成，春风十里不如你

第一节　摽梅之年　　　　　　　43
第二节　人生初见　　　　　　　50
第三节　党争之患　　　　　　　56
第四节　词女之夫　　　　　　　63
第五节　佳偶天成　　　　　　　71

卷三　党争株连，人生最苦是离分

第一节　琴瑟谐美　　　　　　　　　81

第二节　元祐党碑　　　　　　　　　87

第三节　两处闲愁　　　　　　　　　94

第四节　重返京师　　　　　　　　　101

第五节　山雨欲来　　　　　　　　　111

卷四　青州屏居，赌书泼茶的爱情

第一节　赌书泼茶　　　　　　　　　123

第二节　别是一家　　　　　　　　　131

第三节　金石编纂　　　　　　　　　138

第四节　离怀别苦　　　　　　　　　142

第五节　婕妤之叹　　　　　　　　　147

卷五　东莱寻夫，人老建康城

第一节　东莱寻夫　　　　　　　155

第二节　母丧南下　　　　　　　164

第三节　江宁避难　　　　　　　170

第四节　故乡何处　　　　　　　177

第五节　巾帼豪情　　　　　　　181

卷六　你去之后，悲伤尽数眼前

第一节　缒城而逃　　　　　　　191

第二节　生作人杰　　　　　　　197

第三节　杞妇之悲　　　　　　　205

第四节　玉壶颁金　　　　　　　212

第五节　痛斥伪齐　　　　　　　222

卷七　我已沉静，那么多沉重岁月

第一节　所遇匪人　　　　　　　　　　233

第二节　离异风波　　　　　　　　　　240

第三节　怜念苍生　　　　　　　　　　247

第四节　金石后序　　　　　　　　　　255

第五节　金华避难　　　　　　　　　　263

卷八　独立残阳，风住尘香花已尽

第一节　题八咏楼　　　　　　　　　　275

第二节　晚来风急　　　　　　　　　　281

第三节　独立残阳　　　　　　　　　　287

第四节　临安终老　　　　　　　　　　292

第五节　花中一流　　　　　　　　　　298

卷一 时光清浅,李家小女如春妍

第一节　书香门第

那是一个初春的傍晚，夜空深蓝，星河灿烂，空气中弥漫着一种清湿的味道。美丽的章丘，笼罩在一片朦朦胧胧的月色里，莹润如洗。

银色的月华，如轻纱，似飞瀑，从高大的树梢间，从矮小的禾草上，从山旁的一块石，从房檐的一片瓦，从屋后的一丛竹，悄无声息地跌落下来，满地满眼都是。远处黛色的群山，参差的农庄，依稀的青烟，每一寸空间，每一处潺湲的溪水，都被裹挟在漫野的月白之中。

这弯皓月亦照亮山溪旁一座静穆的庭院，照彻海棠树下一间窗明几净的房舍。

是时，屋内一声女婴清清亮亮的啼哭划过夜空，成为明水最嘹亮的声音。父亲怀抱中粉嫩娇柔的婴儿，正是李家长女李清照。

宋神宗元丰七年（1084），李清照降生于山东章丘（今属山东济南）明水镇。

明水，顾名思义，山明水秀之地。这湾秀水，指的是东北隅龙泉寺内，因"百泉俱出"而得名的百脉泉。

济南素以"泉甲天下"扬名，百脉泉冠众泉之首，是绣江的源头，和趵突泉平分秋色。曾巩云："岱阴诸泉，皆伏地而发，西则趵突为魁，东则百脉为冠。"万颗珠玑时沸涌，一天星斗自空明。百脉沸腾、群泉汇集的百脉泉，为明水平添一分秀逸和灵气，造就一处盛景，造福一方百姓，哺育着一代代明水人。

明水不仅有大汶口文化至战国时期的马安遗址，还是著名的"龙山文化"的发祥地。才女李清照的出世，更为这方钟灵毓秀之地带来一份足以傲视他邑的雄厚资本。

所谓"耕读传家，诗书继世"，历来如此。清照的祖父，生平事迹于史书上尚无记载，但从李清照的《上枢密韩肖胄诗二首》的组诗作品中，似乎可以找到些许蛛丝马迹。李家在当地虽然称不上是有权有势的贵族，却也非寻常百姓，而是颇有声望的书香门第、诗礼簪缨之家：

> 嫠家父祖生齐鲁，
> 位下名高人比数。
> 当时稷下纵谈时，
> 犹记人挥汗成雨。

"稷下"，在今山东临淄，是战国时期文化十分发达的地方。曾经，齐宣王在稷下建造学馆，号令满腹经纶的先生大儒们在这里讲学论道。百家争鸣，盛况空前。《战国策·齐策》里记载："临淄之途，车毂击，人肩摩，连衽成帷，举袂成幕，挥汗成雨。"由此可知时下之繁盛。"稷下"，成为当时荟萃全国雅士名流的文化中心的代名词。

清照用这四句诗来告诉大家：

遥想当年，在稷下这个地方，一群饱学之士呼朋携侣，信马游冶。他们的车轮紧挨着车轮，他们的肩膀并着肩膀，高谈阔论，风生水起。

众人的衣襟扬起，仿佛高高垂起的帷幔；

众人的宽袍袖子举起，好似大幕遮蔽长天；

每个人不经意地挥一挥手臂，顷刻间汗如雨下，热火朝天。

而在这挥汗成雨、激情浩荡的人群之中，就有清照的父祖，她倍感骄傲和自豪。

另在《上枢密韩肖胄诗二首》的诗序中，清照还有一句说明："父祖皆出韩公门下。"

韩公，即被《宋史》盛赞为"蚤有盛名，识量英伟"的北宋政治家、词人韩琦。韩琦是仁宗朝堂的重臣，曾为相十载、辅佐三朝。强将手下无弱兵，能被将相之才收至门下，可想而知，李清照的祖父绝非等闲之辈。

李清照的父亲李格非，字文叔，是北宋著名的文人。史书上记载他幼时俊警异甚，刻苦上进，宋神宗熙宁九年（1076）即进士及第。初出茅庐的他先是任职冀州司户参军、试学官，后来担任郓州（今山东东平）教授。此教授非彼教授，这个官职相当于现在的郓州城教育局局长，和我们当下认知的教书育人的"大学教授"头衔大相径庭。

李格非是个十足的文人官,有着清高自恃的文人心性。

在郓州任上时,拖家带口的他在经济上不怎么宽裕,吃着最简朴的菜蔬,住着陈设简单的房舍。

大宋朝一向有兼职兼薪的制度。顶头上司非常欣赏李格非的才干,充分体恤他人到中年的不易,欲派他兼任其他闲差。这样一来,除微薄的薪酬外,另有数目可观的进项可以贴补家用。但他不愿接受特殊待遇,婉言谢绝了。

这样的举措,一如他的恩师苏轼,大大地不合时宜。但,他就是这样做了。

甘守清贫、不贪溺安逸享乐的李格非,却始终苦心孤诣把家国大事放在首位。

《洛阳名园记》是李格非著述的名篇。在文中,他怀抱忧国忧民之慨,尽述北宋一群达官贵族不关心民生疾苦,为一己私利而堆金砌玉营造私家园林,且巧立名目,大肆修建华贵的园圃水榭,极尽奢侈腐化的社会现状,寄托了自己对国家安危的忧虑和深度思考。其中"园圃之兴废,洛阳盛衰之候也"一语成谶,直击要害。北宋末年,洛阳城被金人占领,哗啦啦大厦倾,富贵荣华碎为齑粉。时人认为他有远见卓识,独具一双洞穿世事的眼睛。

著书立说,本是读书人的分内事。醉心学术的李格非,却不仅仅闭门读书求功名,两耳不闻窗外事。他处理公务果断坚决,以其耿直忠勇、敢作敢为、疾恶如仇的个性,路见不平一声吼。

在江西上饶做官时,当地有一个恶霸道士,常以妖言唆使百姓,大言不惭地标榜自己具备特异奇功,善于神机妙算,可以准确地预测人的生死祸福。且四方散布谣言,言说经他一番摆布,可以为人消灾去难,逢凶化吉。反之,则遭遇祸殃。

自古到今,人们无不希望当下的自己和下一代都能过上岁月静好、安泰顺意的好日子,遇到这样神力无边的能人好事,自然求之不得。

基于这种心理,很多老百姓一次次受骗上当,被他搜刮钱财。

一身正气的李格非并不相信这样的歪门邪道。某一天,他的车马和这位恶霸道士狭路相逢,当即停车,命令手下差役将道士从车上抓下来,对他施以杖刑,将他施骗的伎俩和罪行公布于众。

他讲:如若道士果真有预测凶吉祸福之能事,则不会从此地经过,遇到我李格非。我对他施以杖刑,妖魔鬼怪并未将我缠身,足见道士所言不过是一个最大的谎言。

围观者眼见为实,如醍醐灌顶。而后,他把道士骗取的钱财发还给受害的百姓,将恶道士驱逐出境。为民除害,佑护一方平安。

这位刚正不阿的读书人,不求闻达于诸侯。在任时,实实在在为民办事;去职后,日日沉湎于读书著文,苦心孤诣钻研辞章。不管所遇逆还是顺,从不懈怠。

对于写作,李格非也有自己独到的追求。他讲:"文不可以苟作,诚不著焉,则不能工。且晋人能文者多矣,至刘伯伦《酒德颂》、陶渊明《归去来兮辞》,字字如肺肝出,遂高步晋人之上,其诚著也。"他生前曾写过许多诗文,可惜大部分作品未能流传下来。他的这些心得,给女儿清照后来的诗词创作带来了很大的启迪和帮助。

李格非在诗词歌赋方面造诣很深,对儒家经典的研究也付出多年心血,他的著作《礼记说》,纵横开阖数十万字,学术价值很高。同时,他还潜心研究历史,著《史传辨志》一书,文笔优美,主题清晰,受到当世人的拥戴。

攀条摘香花,言是欢气息。世人大都是由于气息相投而走到一起的。李格非的飞扬才气,以及奉公守法、从不逾矩的秉性,颇得有同样性情的苏轼的赏识。元祐四年(1089),李格非官大学正。元祐六年(1091),李格非"再转博士,以文章受知于苏轼",继"苏门四学士"黄庭坚、秦观、晁补之、张耒之后,与廖正一、李禧、董荣一起被称为"苏门后四学士",他居后四学士之首。同年十月,哲宗到太学视察,李格非奉上命撰写《元祐六年十月哲宗幸太学君臣唱和诗碑》。这篇文章文思泉涌,清朗雅洁,令哲宗青眼有加。

清照的母亲,乃元丰年间宰相、文恭公王珪的长女。宋人庄绰有记:"岐国公王珪,元丰中为宰相。父准、祖贽、曾祖景图皆登进士第……又汉国公准子四房,孙婿九人:余中、马玿、李格非……"

出身名门,相府千金,自然是秀外慧中,饱读诗书。所以,清照有着最优秀的遗传基因,和其父母一样,天生丽质,骨骼清奇。

可是,这嘈杂的人间,岁月静好只是人们心目中历久弥新的向往,命运时不时会绽露出其狰狞面目,以当头一棒来警告世人世事无常。小清照出生不久,她的母亲就身染重疾,不幸早逝。还好,上帝在关掉一扇门的时候,不忘为她打开一扇窗,小清照是幸运的,遇到一个知她冷暖、助她健康成长的继母。

李格非的续弦,乃是仁宗年间状元王拱辰的孙女。王拱辰是北宋著名的诗人,19岁蟾宫折桂,才名显赫,和欧阳修是连襟,宋仁宗朝代的名臣。在这般家庭背景耳濡目染的女子，焉有寻常之理？《宋史·李格非传》中记载："妻王氏，拱辰孙女，亦善文。"

"亦善文"，即便如此轻描淡写的三个字，若非文学功底深厚，在当世有一定的名气，怕早就大浪淘沙湮灭在浩瀚的史册里。

生母予她以聪慧，后母寄她以厚爱。中年得女的李格非，更是视小女为掌上明珠。小清照的童年，亦是被捧在手心里的宝。

"明月松间照，清泉石上流。"小女的芳名，大抵由秀逸如竹、平易亲和的父亲于此拈来。

明月朗照，清泉涓涓，世间美景莫过如此。想来，此二字寄托着父亲心中所有的明亮和美好，父亲唯愿爱女有更多的福荫在身。

李家有女如春妍。父亲李格非不会料到的是，春风浩荡，花开妍艳，清照二字，不折不扣地流芳千古。

第二节　豆蔻年华

李格非特别珍惜和爱女在一起的每个瞬间。

这个可爱的小生命一天天在长大。她蹒跚学步，她牙牙学语，她温软的小手放在他的大手里，奶声奶气地与他对话，跟着他一起背诗、作画。

大手牵着小手，初为人父的李格非，心中总会漾起异样柔情。在乖巧伶俐的爱女面前，秀逸如竹的李格非愈发平易亲和、温润如玉。

奈何人在官场，身不由己。很多时候，李格非需要投身于公务的繁忙之中，只有趁着假期，才快马加鞭地赶回家乡明水。好在调任郓州后，教授是个较为清闲的差事，和济南相隔不远，李格非才有较多的闲暇回乡和家人团聚，享受女儿绕膝、言笑晏晏的天伦之乐。在父亲温暖的眼神里，小清照度过了快乐的童年时光。

元丰八年（1085）九月，章丘同乡中一位姓廉名复的先生去世一周年，他的后人想要树碑纪念，因仰慕李格非的才名，特请他执笔为廉先生立传。

廉复是一位隐居高人。他自幼饱读诗书，学富五车。但当时北宋王朝朝政腐败，积贫积弱，党争迭起，民怨载道。廉先生对执政者非常失望，不想同流合污，于是在距离明水三里之外的一个村子，开启田园牧歌似的隐居生活。

他放下读书人的身段，种竹植树，锄禾种田，筑路葺房。几年的工夫，就依靠自己的勤劳和能力，把一片荒园治理成一处茂林修竹、溪水潺湲、人丁兴旺的美丽家园——"廉家坡"。农闲时候，他研读《易经》，指导晚辈的学业。

廉先生在廉家坡自给自足四五十年，八九十岁的时候，依然鹤发童颜、神采焕发。引来许多人的嫉妒。有人讹传他食仙丹度日，甚至有点石化金之术。于是常有好事之人来向他请求仙丹，请教长寿的秘诀，求学长生不老的法术和治家良方。

廉先生对他们说："哪有什么法术良方？吾之能盖房种树而已。治家必先'诚于家'，诚则生爱，爱家才能理家、发家。治国和治家乃同一道理，即便治天下之法，吾亦以此作答。"

众人听了他的话觉得颇有道理，一致认为廉先生之胸怀远见不当官太可惜了。有官场的朋友就来相邀，他一再推却，婉言谢绝。太守想强制征召他出仕，廉先生私下里却向太守推荐了自己的弟子。

大抵气息相投，李格非和廉复一见如故，他非常佩服廉先生的学识为人、高风亮节，每次回乡探亲，都会带着子侄们去廉家坡拜访，向廉先生求教经学、文艺，和他一起探讨时政。两人知心相交，遂成莫逆。所以接到廉家后人邀请，欣然应允，于九月十三日书成《廉先生序》一文。在文中，他称颂廉复先生清明淡泊的一生"以记名实"。这篇序文在当时颇有影响，太学生们争相抄送，奉为经典而远播天下。

绍圣四年（1097），李格非郓州教授任职期满，被朝廷调往京师。因为品级不高，他在汴京尚没有房产，小清照与母亲仍然居住在老家明水。

正是在明水的少年时光，赋予清照良好的学识教养和山水情怀。

李家在明水是大户，当时清照的祖父还健在，大家庭中还有两位伯父，伯父家有许多小哥哥。山东曲阜孔林有一尊《崇宁元年李格非题名谒》的石刻，上面题写着："提点刑狱、历下李格非，崇宁元年（1102）正月二十八日率褐、过、迥、逅、远、迈，恭拜林冢下。"其中，褐、过、迥、逅、远、迈都是清照大伯、二伯的儿子。这些小哥哥或年长清照几岁，或年龄相仿，兄弟姐妹生活在一起，颇有些《红楼梦》里大观园的味道。

清照是同辈中唯一的女孩子，颇受长辈的宠爱和堂兄们的关照。堂兄们要每天上学读书，清照受到熏陶，也吵着闹着要进学堂。祖父是开明的儒生，母亲也善文知书，自然不会拦着。于是，幼年的清照得以受到正规的蒙学教育，加上长辈们学识的滋养，在古文、声律、辞赋方面打下了坚实的基础。

明水离汴京并不远，李格非公务之余常常托人来往两地，一来传递书信，问候家人；二来了解爱女清照的成长情况。得知小清照加入蒙学，心中非常高兴。他特地从京城为爱女捎来苏轼、晁补之等当代名家的诗词佳作，使李清照从小耳濡目染，与诗词大家同步成长。

生长在兄弟堆里的清照，在温婉之中，亦养成一些阳刚之气，她好饮酒，好交游，活泼可爱。

李清照能饮、善饮，固然说明了其祖父和父母的开明，但在北宋前期，理学尚属萌芽，女孩子抛头露面或者参加饮宴并未被禁止。特别是大户人家，在家族朋友之间，女孩子入得厨房，也上得厅堂。所以在李商隐的《无题》里会出现这样的诗句："隔座送钩春酒暖，分曹射覆蜡灯红。"描述的就是男女同桌宴饮而邂逅爱情的故事。

唐代才女鱼玄机是状元李亿的妾，为李妻不容，出家为道士，常常借酒消愁："旦夕醉吟身，相思又此春。"坦言自己白天喝酒，晚上喝酒，借以在酒精麻醉中来逃避相思之苦。北周文宣皇后、唐代杨贵妃，她们虽贵为皇帝的女人，亦以善饮而为后世所知。由此可知，古代女子饮酒醉酒，并不像我们潜意识里认为的那样，是离经叛道、不合情理的行为，为世人排斥。

泉城济南，茂林修竹，溪深水静。四面荷花三面柳，一城山色半城湖，风景如图画般秀美迷人，为小清照及她的堂兄们提供了绝好的游玩去处。

距百脉泉几里之外，有一处莲子湖，周环达二十多里，水波淡淡，雨雾云烟。湖中多栽种莲藕，接天莲叶无穷碧，凭栏十里藕荷香，夏秋之际，荷花盛放、波光浩渺的莲子湖便是游人的最佳赏玩之地。莲子湖中立着一小小亭子，称溪亭。溪亭中有小巧别致的石桌、石凳供游人歇息，也供游客设宴小酌，消遣娱乐。莲子湖畔，藕花丛中，溪亭亭下，留下了小清照和堂兄们叮叮咚咚的少年欢娱时光。

  常记溪亭日暮，沉醉不知归路。兴尽晚回舟，误入藕花深处。
  争渡，争渡，惊起一滩鸥鹭。
——《如梦令》

这是经年以后，李清照回忆少年生活写的一首小词。

"如梦令"原名"忆仙姿"，是五代后唐庄宗李存勖创立的曲牌，记述一段清风舞凤的宫廷宴饮生活，因词中有"如梦，如梦"的句子，被后人改为"如梦令"。

李清照这首小词，亦是追忆酒醉兴致，这个词牌用得恰如其分，再合适不过。

这首小词像一篇记叙文，六要素交代得一应俱全。

时间——日暮时分；

地点——莲子湖的溪亭；

人物，当然是自己和堂兄弟及小伙伴们了；

事件起因——玩伴们一起游玩醉酒；

经过——小船误入藕花深处；

结果——争渡，争渡，惊起一滩鸥鹭。

短短三十三字，蕴含着丰富的故事情节，从中可以想象出少年清照和小伙伴们无拘无束、轻松愉快的生活场景。

常记，说明不是偶然一次，是经常有的事情。起笔平淡，事由清晰，显示出清照高超的叙述能力。一整天的欢快时光，不能一一枚举，她选取最富表现力的一个环节，把所有的快乐浓缩进去，让小词洋溢着青春的气息和天真的情趣。

这快乐的一天，可能安排了诸多活动，譬如泛舟赏莲，譬如溪畔弈棋，譬如吟赏烟霞，譬如唱和互答，词人都忽略不计，单写溪亭醉酒，一来为下面"误入"埋下伏笔，二来表现少年无所畏惧的豪迈之气。

"日暮"一方面交代时间，同时也说明一群少年饮酒兴致之高。如果不是欢饮忘却时间，也不至于日暮才"晚回舟"。流光最易把人抛，这里写时光飞逝，显然不是词人贪杯恋酒，而是沉醉于欢乐之中忘乎所以。"日暮"二字，背后蕴含着诸多值得咀嚼的情节和情绪。

"沉醉"交代诸事因由，也是欢乐情绪的本源。酒是种奇妙的东西，在少年清照的生活中，酒是欢乐，酒是豪情，酒是兄弟姐妹、朋友知己之间最真诚的交流，酒是意气风发的兴致和自由奔放的悸动。

多年以后，同样是酒，在李清照笔下，却被浇成"故乡何处是，忘了除非醉"的乡愁，织成"无一语，对芳尊，安排肠断到黄昏"的离恨，绵延成"断香残酒情怀恶"的哀痛。

"晚回舟"和"不知归路"都是"沉醉"的结果。

当此际，几个小伙伴喝得昏天黑地，喝得热血澎湃，喝得得意忘形。

只是随口一说"兴尽"，字里行间却透露着余兴未尽。从船行中可以看得出来，"误入藕花深处"，说明小伙伴划船的积极性很高，只是人迷糊认不清路，本来应该往岸边划，却不经意地划向了湖泊更深处。岂料湖中荷花朵朵，莲藕密植，羁绊着小船无法行进，所以小伙伴们齐心协力，撑舟前行，"争渡，争渡，惊起一滩鸥鹭"。一船的惊乱欢叫和鸥鹭起飞。

"争渡，争渡"，重复的字节，强化的语调，把小伙伴酒醉后的兴奋、迷路后的慌乱，表现得淋漓尽致。由于齐心协力，小船挣脱羁绊，连同下面的"惊起一滩鸥鹭"，极具画面感。风华正茂的年纪，无羁无绊的行程，少年情怀自是诗。而一瞬间的场景被词人捕捉到，写出来，遂定格成永恒的经典。

无论在李清照之前，还是之后，文人以词抒情绪，摹景物，描写闺情以及羁旅行役和琐碎日常，都没有谁能如此生动鲜活地描述这样朝气蓬勃、天真烂漫的生活。它是文学中的独一个，词史上的唯一。没有真实的生活体验，无法描摹出这样的生活细节。

李清照被称为婉约派词人，但这一首词却像一缕阳光，无所顾忌地折射出她的豪放之美。在没有经历过苦难的时候，词人的心态总是丰盈滋润，一如初夏，没有一丝秋冬的清瘦。

《红楼梦》里也常常写到醉酒。最豪放的史湘云醉卧芍药花丛，憨态可掬，妙趣横生。不过，同李清照的"争渡，争渡"相比较，多了些贵族少女的小情调，少了些平民生活的小放纵。一个让人心柔弱，一个让人心荡漾。都很美，但李清照《如梦令》笔下的美，男性望尘莫及，女性不可复制。

所以，豆蔻年华，李清照有着与别的女孩子不一样的少年时光。

《如梦令》回忆夏日荷花绽放时的趣事，同在莲子湖位置，另一首《怨王孙》，则描写秋暮莲子已成时的风景：

> 湖上风来波浩渺，秋已暮、红稀香少。水光山色与人亲，说不尽、无穷好。
>
> 莲子已成荷叶老，清露洗、蘋花汀草。眠沙鸥鹭不回头，似也恨、人归早。
>
> ——《怨王孙》

秋暮风凉，天地萧索，本是引发悲戚的季节。宋玉《九辩》云"悲哉秋之为气也"。但在李清照笔下，风清露冷，气静云疏，莲子湖的秋天同样令人神往。

词人俨然是个摄影高手，镜头由远及近，由大入微。她笔下的湖面，阔大而澄净，烟波浩渺；荷花次第出镜，一句"红稀香少"，展现出红荷凋零、荷叶败落的萧瑟景象。但这一湖残荷丝毫没有影响到词人的心情，因为秋天的湖面别有一种极致的美，在词人的心中荡起秋波。她没有大费笔墨去描述湖岸的山峦群峰，也没有去关注鸥鹭翔集，只是通过与水光山色的互动，写出自己内心的感受。"水光山色与人亲，说不尽、无穷好。"秋天的景物不是渐行渐远，而是直抵内心，让人产生亲近的冲动，与李白的"相看两不厌，只有敬亭山"有异曲同工之妙。

词人写荷，先写宏观印象，波光粼粼的湖面上仅留下星星点点的残花，散发着断断续续的余香，一览无余。然后笔锋一转，将镜头拉近荷的局部，让我们看到：荷叶虽然残败枯萎，莲蓬上却已经结出饱满的莲子。这里没有了藕花深处的幽邃，蘋花汀草却依然绿意盎然。

蘋花是一种蕨菜,叶面精致,圆圆的宛如铜钱,又像缩小版的荷叶。汀指水边平地。水中红稀,岸边绿浓。草叶上的露珠在丽日微风中晶莹剔透,别有一番韵味。

一句"清露洗",既写出了露之明净,又写出了草之苍翠,如神来之笔。

同样写残荷,李商隐的"留得残荷听雨声"是伤;李璟的"菡萏香销翠叶残"是愁;梅尧臣的"静送枯荷雨"是苦。而这首《怨王孙》里,是欣赏和满足。

结句写鸥鹭,颇有意味。在诗词中,鸥鹭是最与人亲近的飞鸟。其源于《列子》中的一则寓言故事:遥远的海边,有一个喜欢鸥鸟的男子,每次出海都有成千上万只鸥鸟飞到他身边,跟他一起玩。他父亲听说这事后,就对他说:"你明天捉几只鸥鸟来,让我也玩玩。"第二天,这人再次来到海边,鸥鸟仿佛知道他的心意,一直在天空飞翔盘旋,怎么也不肯落下来。后人用"鸥鹭忘机"来喻指不可有狡诈机巧之心。从这个典故也可以看出,鸥鹭是人的朋友。李白有诗"明朝拂衣去,永与白鸥盟",黄山谷有"万里归舟弄长笛,此心吾与白鸥盟"的诗句。辛弃疾亦有词"凡我同盟鸥鹭,今日既盟之后,来往莫相猜"。意思是说,诗(词)人愿与鸥鹭结盟为友,在云乡水国一起栖隐。

也许游兴已尽,也许天色将暮,词人不得不打道回府。与她们已经熟络的鸥鹭似乎有些小小失落,竟自睡在沙滩上头也不回,像是伤心她们过早离去一样。

鸥鹭有情,皆因景色无限。而鸥鹭何尝不是风景中最动人的一处。"你站在桥上看风景,看风景的人在楼上看你。明月装饰了你的窗子,你装饰了别人的梦。"清照词中的鸥鹭,就是这首小诗中的"你"。

把景致写出情致来,才是写景的最高境界。无疑,少年清照是高手中的高手。

第三节　有竹堂居

　　瞻彼淇奥,绿竹猗猗。有匪君子,如切如磋,如琢如磨。瑟兮僩兮!赫兮咺兮!有匪君子,终不可谖兮!

　　瞻彼淇奥,绿竹青青。有匪君子,充耳琇莹,会弁如星。瑟兮僩兮!赫兮咺兮!有匪君子,终不可谖兮!

　　瞻彼淇奥,绿竹如箦。有匪君子,如金如锡,如圭如璧。宽兮绰兮!猗重较兮!善戏谑兮!不为虐兮!

——《卫风·淇奥》

　　从远古到现今,文人大抵都有一种竹子情结,他们喜欢在居室或者住宅中种植一大片竹子,吟咏观赏,以彰其志。《卫风·淇奥》就是很好的例子。

竹子在清风中簌簌的声音，在夜月下疏朗的影子，都让诗人深深感动，而竹子于风霜凌厉中苍翠俨然的品格，更让诗人心生共鸣。王子猷心直口快地讲："何可一日无此君！"苏东坡则击节而歌："宁可食无肉，不可居无竹。无肉令人瘦，无竹令人俗。人瘦尚可肥，士俗不可医。"

相比较来讲，司空图堪称斯文雅致："玉壶买春，赏雨茅屋，坐中佳士，左右修竹。"他理想中的生活是，初春时节，花香鸟语，坐在有左右修竹的茅屋中，饮酒赏雨，悠闲又自在。

众鸟高飞尽，孤云独去闲。佳士及修竹，相看两不厌。这是清高自恃的文人雅士追求的最佳人生境界。

爱竹情怀，从来古今相通，李格非也不例外。

北宋后期，朝政陷入党争之中，拥护王安石新法的一派被称为新党，如章惇、曾布、蔡确等；反对新法的一派被称为旧党，亦称元祐党，有司马光、富弼、苏轼等。李格非是"苏门后四学士"之一，自然被迫卷入党争之中。宋哲宗倾向新党，所以李格非虽然大部分时间在京师为官，但一直郁郁不得志。好在他是个与世无争的士人，于闲时捡拾闲情，公务之外沉迷于经史子集，著书立说。

元符三年（1100），哲宗病死，徽宗即位，向太后摄政，向太后同情和支持元祐党，李格非的仕途也进入快车道，先后膺任校书郎、著作佐郎、礼部员外郎，成为朝廷的五品大员。

随着官位的晋升，薪水的提高，李家的生活条件进一步得到改善。李格非在汴京径衢之西置办了一处有庭院的房产。他在庭院台阶一旁种下一片竹子，为堂屋命名"有竹堂"，并制作匾额立在梁柱之间。

这样一件令人振奋的大事,不表以文字不足以尽兴。他洋洋洒洒,在堂屋的墙壁上一气呵成一篇《记》,以记之。出口成章,提笔撰文,这本是文人当行,拿手好戏,不足为奇。

独乐乐不如众乐乐。他又略备薄酒,邀请好友,"苏门四学士"之一的晁补之来新居做客,并将台阶下毫不起眼的竹子指给朋友看,晁补之有感而发,作《有竹堂记》,记录文叔的新居以及新居的竹子:

济南李文叔为太学正,得堂于经衢之西,输直于官而居之,治其南轩地,植竹砌傍,而名其堂曰"有竹",榜诸栋间,又为之记于壁。率午归自太学,则坐堂中,扫地置笔砚,呻吟策牍,为文章日数百篇不休,如茧抽绪,如山蒸云,如泉出流,如春至草木发,须臾盈卷轴。门窗几席婢仆犬马,目前之物有一可指无不论说,形容强嘲而故评之,以致其欣悦,而于竹尤数数也。

顾其地狭而卑,天雨榛秽,蜘蛛之织,河柳莞葵之所交横而蒙翳,人不知其竹也。有过者,文叔必顾堂下而语之,读壁间记,仰栋而指其榜曰:"吾固诏客矣!"

…………

在大诗人晁补之眼里,"有竹堂"小而简陋,阴雨天的时候,因地势低狭,排水不利,地面非常潮湿。小院里不仅杂草丛生,蛛网密布,各种藤蔓类植物在野蛮生长,且将仅有的几株毫不起眼的竹子遮盖起来,这就是真实的"有竹堂"。常常,从太学归来的主人坐在窗户下著书撰文,"有竹堂"里的门窗、案几、蒲席,包括婢女仆人,门前遛弯儿的小狗,街上来来往往的马匹车辆,凡眼前所见之物,无一遗漏地会被他捕捉于笔下,发发感慨抑或着意评论。他的灵感如奔涌的山泉,下笔如有神助,一天写文章不下数百篇。而每每有客人到访,主人会特别殷勤地将其房梁上的匾额、堂前的竹子指点给客人观看,尤其对自己亲手栽下的竹子格外上心,为自己坐拥"有竹堂"而无比自豪。

诚然,对于李格非来言,庭院不大无碍,清静即好。屋舍简陋何妨,心安即可。凝望着阶下的竹子,他仿佛可以望到家乡的那片青青竹园,那片广袤的、有着茂林修竹的热土。离家很久的他,思念亲人,思念家乡,思念竹林。他不知道,老屋屋后那一竿竿拔地入云的竹子,是否愈加苍劲青翠。他仰慕老师苏轼"宁可食无肉,不可居无竹"的诗情,对这些竹子的钟爱毫不掩饰。他希望自己的一生如竹子一般"出土有节,凌云虚心",成为一个"如金如锡,如圭如璧"的君子。

有了宽敞的房子,京城就有了家,李清照也到了及笄之年,已经可以谈婚论嫁了。李格非知道女儿天分极高,非京城无以适其志,于是在清照十六岁那年,将她接到了汴京。

自此,李清照告别家乡,再也没有能回到故土。八岁的幼弟李远跟着母亲和姐姐一起来到京城,李远是李格非膝下唯一的男孩子。

此时汴京正如《清明上河图》所画的样子,市列珠玑,户盈罗绮,非章丘小地方可比。初到京师的小清照,好像到了另外一个世界。

闲暇时候，李格非会带着她和弟弟李迒到大相国寺游玩，这座修建于北齐的古老寺院，到了宋代深得皇家尊崇，成为全国最大的佛教活动中心。

每届科考结束，新晋进士都要到大相国寺"书壁题名"，李格非告诉女儿，这上面有她外公的名字。清照带着弟弟一行一行细致地搜寻，终于在密密麻麻的人名中找到了"王拱辰"这三个字，姐弟俩分外惊喜。李格非告诉一对儿女："想当年你外祖公中状元时，才十九岁，披红挂绿，跨马游街，虽将兵数十万，恢复幽蓟，凯歌劳还，其荣亦不可及。"清照与有荣焉，心中羡慕不已，心想："什么时候女子也能参加科考，让我的名字也题写在他们中间呢？"

父亲还带着他们去御街，逛东角楼，看杂技耍戏，买衣物和好吃的蜜饯。最令清照难忘的是，东角楼街巷有许多文物珍玩、金石书画，李格非一一向他们姐弟讲解其中故事渊源。李清照饶有兴趣地倾听着，对这些名画古迹以及由它们而起的神秘故事充满向往。父亲的无意一举，揭开了李清照热爱金石的序幕。

京城的物质繁华和人文昌盛让李清照大开眼界，激起了她见贤思齐的好胜心理。她学习愈发勤奋，从古文到诗词一样都不落下。李格非有心栽培，亲自督导教习她，教她尝试作诗填词。李清照有一首《分得"知"字》的小诗，回忆当时情形：

学语三十年，缄口不求知。
谁遣好奇士，相逢说项斯。

这是李清照与友人聚会时游戏之作,大家相约写诗,像《红楼梦》里的赛诗会一样。作诗需要立规矩,确定押什么韵脚。李清照分到"知"字韵,于是写了这首诗。

诗作具体时间不详,从内容看,应是四十岁时所作。项斯是晚唐诗人,年轻时到京城参加贡举没有什么名气,拿着卷子拜谒杨敬之。杨敬之特别喜欢他的诗作,写诗赞道:"几度见诗诗尽好,及观标格过于诗。平生不解藏人善,到处逢人说项斯。"成语"逢人说项"即出于此,指作品受到人们的高度评价。

李清照写诗"养在深闺人未识",自己也不好意思炫耀,因此不被世人所知。但潜意识里,她非常渴望受到赏识,得到认可,希望遇到杨敬之那样的伯乐,使自己的诗名传播出去。

第四节　名动京师

花若盛开,蝴蝶自来。京城良好的教育环境让李清照学识创作更上一层楼。不久,一首小词让她真的名噪京师。

> 昨夜雨疏风骤,浓睡不消残酒。试问卷帘人,却道海棠依旧。知否,知否?应是绿肥红瘦。
>
> ——《如梦令》

少女时期的李清照,作品所作大多是一些篇幅不长的小令,大概是刚习练的缘故,也许还跟年龄有关,清疏明朗,直抒胸臆。但词的艺术价值,不以篇幅长短为评判标准。比如这一首,寥寥数句,人物、情节、对白、事因缘由一一展开,声情并茂,清晰如绘。其构思新颖,炼字精巧,遂成经典。

起首两句,语少意浓。"雨疏风骤"既是环境的交代,为下文做以铺垫,同时暗示了季节。

北方秋冬雨少,自然不会雨疏风骤。夏季应该是狂风暴雨。若是初春,必定"天街小雨润如酥",丝丝细细、密密麻麻。唯有暮春初夏,才是雨疏风骤的季节。词人准确地抓住事物特征,使词章用语格外精巧细腻。

海棠花开于公历四五月间,与暮春初夏刚好吻合。

对于爱花人,雨疏风骤中最应照看的就是花。但主人公偏偏忽略了正在盛开的海棠。为什么呢?原来昨夜饮酒过量,天已大亮,才刚刚醒来。

"浓睡""残酒"二词,把贵族少女那种闲适、慵懒、随性表现得淋漓尽致。女孩子的娇情和憨态如在眼前。

小词以对话形式展开。女主人公睡眼惺忪,斜倚在床上并未起身,但又关心花事,于是探着身子询问卷帘人。"试问"之"试",将诗人小心翼翼、惴惴不安之态,担忧、忐忑之情溢于言外。经受一夜风雨,娇嫩的海棠花一定不堪蹂躏。她不忍心亲眼所见,故怀抱侥幸的期待。

三、四句的语眼在"依旧"。依旧即没有变化,卷帘人看到的是海棠花在枝头绽放依然,并未凋零狼藉,满地残红,因此用"依旧"来回答女主人公。

海棠花花期在一个月左右,一般不会因一次风雨而零落衰败。粗心的小丫头,仅仅双眼扫视一遭,并未发现花树明显变化。但女主人公显然对她的回答不甚满意,用"知否知否"叠韵反诘,是埋怨,是宣泄,是担心,亦是释怀,嗔怪卷帘人粗心,对花事关心不够,体察不仔细,感觉不出海棠花的微妙变化。

女主人公并未起床，何以如此臆断？这就是所谓的心有灵犀一点通。万物有灵，不仅情人之间有心意相通，人与花之间也有心灵感应。是时，花就是自己，花就是青春，花就是少女千娇百媚的容颜，花就是少女聪敏善感的小心思。

王国维有词："最是人间留不住，朱颜辞镜花辞树。"意思是世间最脆弱的是人的容貌和花的娇妍。青春易逝，容颜易老，正值二八芳龄的李清照怎能不对最美的韶光顾盼流连。只有她知道，花儿在风雨中已然憔悴，人儿在时光中渐次苍老，那种变化，从表象中一时半会儿察觉不到，只有格外珍惜的人才能体味其中况味。

词中最经典的用笔是"绿肥红瘦"。一场风雨过后，红花憔悴，绿叶肥硕，词人不写"叶多花少"，却用"绿"代"叶"，以"红"代"花"，给人以鲜明的色彩感。又兼以"肥"代"多"，以"瘦"代"少"，给人以形象的视觉感，绿红、肥瘦之间，对比强烈，惜花之情直逼内心。

在李清照之前，从来没有人用"肥、瘦"这样新奇的手法喻花。后世历代文人对"绿肥红瘦"赞赏有加，不吝溢美之词。宋代胡仔称"此语甚新"；明李攀龙赞"语新意隽，更有风情"；清黄了翁评"无限凄婉，又妙在含蓄"；王世祯在《花草蒙拾》中评"人工天巧，可谓绝唱"。

词人以海棠自况，写花，也是在写自己；惜花，惜春，更惜青春。

伤春惜花，以此为题材，敏感的诗人为世人创作了诸多浪漫诗话：

> 东风袅袅泛崇光，香雾空蒙月转廊。只恐夜深花睡去，故烧高烛照红妆。
>
> ——苏轼《海棠》

同样借助诗词吟咏对海棠花的相惜之意，清照表达得一波三折，师祖苏轼则袒露得直白深情。"只恐夜深花睡去"一句尽显诗人的痴绝，其达观、浪漫洒脱的胸襟，不能不让读者深深折服。

惜春亦是古代诗词千年不易的主题，杜甫有"一片花飞减却春，风飘万点正愁人"，杜牧有"繁华事散逐香尘，流水无情草自春"，晏殊有"无可奈何花落去，似曾相识燕归来"，黄山谷有"若有人知春去处。唤取归来同住"，李后主有"砌下落梅如雪乱，拂了一身还满"。

如若进一步深究，李清照这首《如梦令》，其实脱胎于晚唐诗人韩偓的《懒起》一诗：

> 昨夜三更雨，今朝一阵寒。海棠花在否，侧卧卷帘看。

同一题材，同一词牌，自然就有高下之分。两相比较可以看出，韩诗平淡无奇，李词曲折有致；韩诗停留在表面，李词则挖掘到深层；韩诗一览无余，李词则曲折婉致，含蓄蕴藉，非常具有画面感。

韩偓是李商隐的外甥，10岁时即席赋诗，满座皆惊，李商隐称赞他"雏凤清于老凤声"。韩偓诗多写艳情，有《香奁集》存世。李清照也早慧，因此推崇韩偓，以后的词作中还有多首化用韩偓诗句。不过单就文学成就来看，李清照后浪推前浪，远远将韩偓甩在了身后。

近代对这首词存在一点争议,即"卷帘人"是谁?

多数人认为这首词是李清照少女之作,卷帘人是家中侍女。也有人认为这首词是李清照婚后所作,卷帘人是其丈夫赵明诚。

文学中历来有"索隐派",非要把文学作品中的人物事件对标到历史真实中,比如《红楼梦》,有人说是曹雪芹自传,有人说是纳兰性德家事,有人说影射雍正皇帝。

其实,读文学作品重要的是要读懂作品本身,如果品读一部作品非要以作品背后的故事去注脚,这样的作品价值会大打折扣,品读的感觉也味同嚼蜡。

因此,读这首词的时候,无须纠结"卷帘人"具体指哪一个,或许只是虚构的人物,只是写词时的艺术加工。作为读者的我们,且不做学术考究,只负责享受小词的词美、意美,创新之美,独到之美,足矣。

李清照这首词不胫而走,像投入深潭的一颗小石子,在当时的汴京以及后世的诗词界,惊起阵阵涟漪。

"当时文人莫不击节称赏,未有能道之者。"清代词学家黄蓼园在《蓼园词选》中倍加推崇:"一问极有情,答以'依旧',答得极淡。跌出'知否'二句来,而'绿肥红瘦',无限凄婉,却又妙在含蓄,短幅中藏无数曲折,自是圣于词者。"真知灼见,让今天的我们会心一笑,回味绵长。

当时,"苏门四学士"之一的晁补之,正在京城服母丧丁忧,是"有竹堂"的常客。同出苏门,晁补之亦非常欣赏李格非的才华:

"结交齐东李文叔,自倚笔力窥班扬。谈经如市费雌黄,冰炭何用置我肠。"经晁补之介绍,李格非又结识了张耒、黄庭坚等苏门弟子。

李格非烦请晁补之这位老朋友辅导女儿的学业功课。晁补之时常就诗论、词理给清照指点一二。

"问渠那得清如许?为有源头活水来。"冰雪聪明、有一颗玲珑诗心的清照时有佳句,才思敏捷得让老师时有惊喜,赞不绝口。于是,扬扬自得的晁补之逢人便引荐爱徒李清照的词作,夸奖清照的才华,使得小清照崭露头角,风靡京城,实现了她"相逢说项斯"的愿望。

这首词还引起一位公子的关注,并缔结了李清照的金玉良缘。当然,这是后话。

第五节　剑胆琴心

因有了女主人的操持打理,"有竹堂"焕发出新的生气。室内案几洁净,庭外石阶清爽,阶下一溜儿碎石漫成甬路,通向前庭的两三房舍。阶前数株竹子,剔去杂草纠缠,根根亭亭玉立,拔节而起,蔚然成林。绿的竿,青的叶,在阳光下生机盎然,凤尾森森,龙吟细细,别具一番风味。

竹林一旁的树荫下,父亲为爱玩的清照布置了一架秋千。闲暇时光,清照和小侍女莲儿一个坐在秋千上笑,一个乐呵呵牵引秋千摇啊摇,秋千飘荡得越来越高,把两人的欢声笑语荡过高墙去。

母亲还在台阶另一侧植下一棵梅子树,它和小清照一起,在"有竹堂"悄悄长大,开了红红的花朵,挂了青青的梅子。

"有竹堂"内常常高朋满座,李格非和他的朋友们就着茶香和书香,作画题跋,诗文酬唱,互以砥砺。在这里,他们或谈时政局势,或论今古兴亡,臧否人物,挥斥方遒。耳闻目睹,清照对时事亦有了进一步的了解。

"谈笑有鸿儒,往来无白丁。""有竹堂"成为在京的苏门学士的聚集地,清照在这里结识了大宋许多知名文人。

爱惜小才女的天赋异质,"苏门前学士"之一的张耒,热络地为清照指导诗文,成为她的另一任老师。

元符二年(1099)秋天,晁补之丁母忧三年期满,应召到信州任酒监一职。张耒则由黄州通判,再被贬至更遥远的复州(今湖北天门)知州。

和两位贤师依依惜别之后,清照并没有因为老师不在身边而懈怠学业,每日里或舞文弄墨,或琴棋书画,沉浸在老师和父亲为她精心挑选的古籍里,精磨细研,不舍昼夜。

上元二年(761),唐代著名学者元结曾撰写《大唐中兴颂》,讲述晚唐时期唐肃宗平定安史之乱,唐室休养生息,走向中兴之路的一段史实。这篇颂文行文古雅,好友颜真卿赞佩有加,这位著名书法家就将颂文刻写在湖南零陵郡浯溪的一处悬崖峭壁上。这方摩崖巨碑,书风苍劲有力,磊落奇伟,因文绝、字绝、石绝,为历代文人雅士推崇。黄庭坚亲睹摩崖碑后,由衷慨叹:"大字无过《瘗鹤铭》,晚有名崖颂中兴。"时人将碑文拓下,争相传阅。张耒在复州见到拓文,心潮如涌,遂作诗笺《读中兴颂碑》隔空唱和:

> 玉环妖血无人扫,渔阳马厌长安草。
> 潼关战骨高于山,万里君王蜀中老。
> 金戈铁马从西来,郭公凛凛英雄才。
> 举旗为风偃为雨,洒扫九庙无尘埃。

> 元功高名谁与纪，风雅不继骚人死。
> 水部胸中星斗文，太师笔下龙蛇字。
> 天遣二子传将来，高山十丈磨苍崖。
> 谁持此碑入我室？使我一见昏眸开。
> 百年兴废增感慨，当时数子今安在？
> 君不见荒凉浯水弃不收，时有游人打碑卖。
>
> ——张耒《读中兴颂碑》

张耒这首咏怀古迹的诗作，一方面凭吊古人，颂扬郭子仪和元功等功臣鏖战沙场、保家卫国的精神，感叹政权之百年兴废荣枯；另一方面又一抒胸襟，尽现摩崖碑的雄奇伟丽，表达对元结、颜真卿的无限景仰之情。

和诗很快传至汴京，李清照读到此诗后，为老师雄健的笔力赞叹。但对于诗中所书历史，她进行了更深层次的思考，提笔奋书，不吐不快，将自己的认知泼洒笔端：

> 五十年功如电扫，华清宫柳咸阳草。
> 五坊供奉斗鸡儿，酒肉堆中不知老。
> 胡兵忽自天上来，逆胡亦是奸雄才。
> 勤政楼前走胡马，珠翠踏尽香尘埃。
> 何为出战辄披靡，传置荔枝多马死。
> 尧功舜德本如天，安用区区纪文字。
> 著碑铭德真陋哉，乃令神鬼磨山崖。
> 子仪光弼不自猜，天心悔祸人心开。

夏商有鉴当深戒,简策汗青今具在。

君不见当时张说最多机,虽生已被姚崇卖。

——《浯溪中兴颂诗和张文潜二首》(其一)

在这首诗中,清照并没有单纯地进行歌颂和批判,而是以深刻的洞察力,清晰的逻辑思维、通透的总结、分析能力,追溯历史事件背后的因果得失,鞭辟入里,荡气回肠。

在她的理解中,之所以发生安史之乱,唐王朝军队兵败千里,并不是因为红颜误国,而是由于朝廷腐败、奸雄当道造成的。

开元之治五十年,承平日久,国富民安,安逸中的唐玄宗丧失了当初励精图治的精神斗志。改元天宝后,政治一天天走向腐败。远贤臣,亲小人,以致群小当道,国事日非。暮年的玄宗更是沉溺于无边风月,无条件地宠幸杨贵妃,在华清宫和杨贵妃寻欢作乐,挥金如土,贪图享乐,不理朝政。皇帝不作为,皇室权贵更是不务正业,斗鸡遛狗,无法无天。这些,无疑为李唐王朝自掘坟墓。

"以铜为鉴,可以正衣冠,以人为鉴,可以知得失,以史为鉴,可以知兴替。"世人通晓此理,历史的教训比比皆是,"夏商有鉴当深戒,简策汗青今具在",可当局者依旧被眼前的利益蒙蔽双眼,束手就范,不是反思。就像精明强干的张说还是被姚崇欺骗相阻,等到有一天张说终于醒悟,已然迟矣。

写完这首,李清照心目中块垒难尽,又挥毫泼墨,挥斥方遒:

君不见惊人废兴传天宝,中兴碑上今生草。

> 不知负国有奸雄，但说成功尊国老。
> 谁令妃子天上来，虢秦韩国皆天才。
> 花桑羯鼓玉方响，春风不敢生尘埃。
> 姓名谁复知安史，健儿猛将安眠死。
> 去天尺五抱瓮峰，峰头凿出开元字。
> 时移势去真可哀，奸人心丑深如崖。
> 西蜀万里尚能反，南内一闭何时开。
> 可怜孝德如天大，反使将军称好在。
> 呜呼！奴辈乃不能道辅国用事张后尊，乃能念春荠长安作斤卖。
>
> ——《浯溪中兴颂诗和张文潜二首》（其二）

张耒的《大唐中兴颂》以大幅篇章歌颂中兴英雄，称许后人会铭记这场历史性的胜利，实属老生常谈，并无新意。同样表述这段历史题材，李清照的和诗却以惊人手笔，着力于反思祸国之源头：唐玄宗宠幸妃子，重用宦官，致使朝政混乱，国家遭受重击。唐肃宗有志于中兴，却并没有吸取开元惨痛的教训。时人只敢针砭前朝之弊，却无一人敢站出来斗胆抨击本朝的奸佞。宦官李辅国和张皇后仍旧在祸乱朝纲，危害社稷，岂不是又一任高力士和杨贵妃？悲剧难道不是再次上演？试问，哪个明眼人能一窥历史的覆辙？

李清照的《浯溪中兴颂诗和张文潜二首》，在笔势纵横地评议兴废、鞭挞历史的同时，又借以影射北宋末年朝堂的昏庸腐败，时局动荡，君主荒淫无能，致使臣僚党争不断，内外忧患，国势衰微。

闺中少女李清照，不作闺阁言语，却以超出常人的卓识远见，一眼洞见症结之所在。她借古讽今，锋芒毕露地发表对政治事件的看法，且指陈弊端，对江山社稷表达出深刻的关注和担忧。其和诗比老师张耒的原作更尖锐深刻，具有广博的社会意义。

非常之女诗非常之语。南宋学者周煇在笔记体著作《清波杂志》中认为，两首和诗"以妇人而厕众作，非深有思致者能之乎？"

剑胆琴心，铿锵发声。此一阕再次震惊京城，众生侧目。

时人盛赞：才力华瞻，世无其二。

盛名之下，有赞誉褒奖，自然也有鄙薄和诋毁等不和谐之声。文人自古相轻，何况李格非这位尚待字闺中的小女，是这么超群拔类，班行秀出。

在由男性主导的文坛，岂容女性涉足？所以，女性文人的文学创作在古代始终被边缘化。史上第一位女史学家班昭学问广博，卓有才干，是东汉著名军事家、外交家、史学家班彪的女儿，班固、班超的妹妹。班固不幸去世后，班昭替兄长完成未竟的《汉书》，并被汉和帝多次召入宫内参与政事，尊称为"曹大家（gū）"。

班昭凭真才实学在朝堂站稳足跟，足以让大多数男性仰视。班昭谢世之前，由于担心家中的几个女孩子出嫁后不懂妇女礼节，令未来的夫家失却面子，辱没宗族，带病作《女诫》一书，给女孩们以帮助指导。她言"妇德不必明才绝异也"，意思是女人并不需杰出的才能来彰显德行，女子有才而不露其才，方为大德。

《女诫》作为"女四书"之一，提倡"三从之道"和"四德之仪"，强调男尊女卑和温柔顺从。不承想，她所倡导的女性观念，如千年绳索，极大地禁锢了古代女性的思想和自由。

如此就有了《红楼梦》中钗黛二人讨论黛玉写在扇子上的《五美吟》时的一段对白：

> 宝钗道："林妹妹这虑的也是。你既写在扇子上，偶然忘记了，拿在书房里去，被相公们看见了，岂有不问是谁做的呢？倘或传扬开了，反为不美。自古道'女子无才便是德'，总以贞静为主，女工还是第二件。其馀诗词，不过是闺中游戏，原可以会可以不会。咱们这样人家的姑娘，倒不要这些才华的名誉。"

在那个时代，大多的女子是没有机会读书识字的。家境比较富裕的，书香门第或者官宦豪绅，有女儿的人家会在家里给女孩子请私人教师，教些女红、礼仪和琴棋书画。

司马光曾说："今人或教女子以作歌诗，执俗乐，殊非所宜也。"这句话说明当时的女子是可以学歌诗的，不过宰相司马光觉得不甚满意，他在著作《家范》中，把创作歌诗纳入闺门不应沿袭的诸项技能之一。这位老学究始终认为，求学问道对女子而言同样重要，可一旦涉及吟诗作赋的苗头，却固执摇头，认为不怎么妥当。在以他为代表的封建卫道士的认知里，"女子无才便是德"的思想根深蒂固，从来未被闲置和遗忘。

冷言时时有，不听自然无。面对闲言碎语、飞短流长，爱女心切的父亲不做理会，作为士大夫阶层的大家闺秀李清照更没有放在心上。

在父母的荫庇下,她像丛林外的山花一般,阔枝展叶,自由生长。

卷二　佳偶天成，春风十里不如你

第一节　摽梅之年

常言道：一家有女百家求。待字闺中的清照已值适婚之龄，前来保媒提亲的乡邻、同僚踏破门槛。有的觊觎清照飞扬的才气，有的看好清照娟秀的容貌，有的看重文叔的品行和家世，络绎不断。

由于对自己婚姻的认知，父亲李格非和母亲王氏深谙婚姻之道。他们懂得，人世不过几十载，找到一个情投意合的另一半有多么重要。所以，在对待爱女清照的婚姻问题上，两人意见一致，极其开明。

不唯家世，不唯穷富，只愿女儿遇之心仪，一生一世一双人，琴瑟相和，月圆花好。

不能不说，生于诗书世家，又遇到如此开明宽容的父母，清照是无比幸运的。

幼子李远尚小，父亲并未把女儿只当作闺中少女看待，闲暇时刻，除了读书，他和女儿交流探讨的话题亦不少。琴棋、书画，诗论、史学,恩师苏轼及同门的诗词及政论,本朝政要、新政及改制……心思缜密的女儿常有出其不意的见解,让父亲释解块垒,开怀大笑。

这时候,清照会特别贴心地为父亲温一壶母亲亲手酿制的梅子酒,和母亲陪着父亲小酌几杯,清谈至人静夜深。

酒酣耳热之际,双亲会把乡邻亲朋前来提亲的士子介绍给清照听,征询女儿的意见。看女儿小脸绯红,心急的母亲会忍不住会多言几声。若女儿低头不语,父亲则用眼神示意母亲另择话题。

父亲说:"姻缘自有天定,不急,不急。"清照微微颔首。

她理解母亲的急,亦赞同父亲的不急。缘分的事,谁又能说得清楚。

愿得一心人,白首不相离。来日方长,静待缘来。她始终相信,抑或很久,抑或不久,灯火阑珊处,他恰好来,她刚好在。两两执手,缔结一世姻缘。

只是,那个他尚不知于何处,是不是有和她一样的等待和希冀?

是夜,侍女莲儿早已沉沉入梦,躺在床上的清照辗转反侧,睡而复醒。遂披衣起床,略加思索,运笔成诗:

莫许杯深琥珀浓,未成沉醉意先融。疏钟已应晚来风。

瑞脑香消魂梦断,辟寒金小髻鬟松。醒时空对烛花红。

——《浣溪沙》

酒是媒介，文人的诸多心事，大都和着一觞酒乘兴抛出。这一阕，酒依旧是由头。

明明小酌几杯，清照不胜酒力，开篇却言明自己未曾醉酒。像极了现代酒场中人的口吻，口口声声没喝多的，大都没少喝。

不必说酒杯太深，也不必说杯中色如琥珀般醇正的美酒太过浓烈。究竟是何种情绪让她睡复醒，一怀愁绪吗？

诗人喜欢说明月高楼休独倚，她不曾望月，未上高楼，仅仅饮了几杯薄酒而已，却已经意绪朦胧，昏昏沉沉的感觉一阵阵袭来，既如此，索性倒头睡去。

晚来风急。耳畔飘过的钟声，时远时近若有若无，更加映衬暗夜的寂静。这实在是一个舒适、惬意的良夜。

不知过了多久，香炉里瑞脑的香气，已一丝丝地飘散殆尽，词人从浅浅的梦中醒来，无限回味，又怅然若失。大概是辟寒金钗太小之故，不知何时，发髻已松松地散开，一枕零乱。

果真是理不尽三千烦恼丝。她想，乱且乱吧，她无心再去收拾整理。当此际，好梦难成，只好继续躺着，继续心事重重地清醒着，继续百无聊赖地望着一对儿燃烧的、同样寂寥的红烛花。

"琥珀光"指色如琥珀的美酒，取自诗仙李白《客中行》名句"兰陵美酒郁金香，玉碗盛来琥珀光"，后人也将"琥珀"作为酒的别称。

瑞脑，指名贵的龙脑香。"辟寒金"是一种较为贵重的首饰。传说昆明国有一种形状似雀、羽毛鹅黄的小鸟，常口吐金屑，俗称嗽金鸟。后被人进贡到中原，因体小怕寒，帝室命人建造温暖的鸟舍饲养,称辟寒台。王嘉《拾遗记》中记录:"宫人争以鸟吐之金,用饰钗佩,谓之辟寒金。"另有一句说明"不服辟寒金,哪得帝王心",足以彰显其珍稀。

瑞脑生香,夜凉如水,如此良辰好景,酒不醉人人自醉。情窦初开的词人借助诗酒,一抒浅浅愁怀,淡淡意趣,少女情怀总是诗。

词的下阕,诗人不言辗转难寐,使得发鬟凌乱,却假借金钗之小所至,以景语为情语,雅人深致。

小诗中"琥珀浓""瑞脑香""辟寒金""烛花红",色调高华,气象华贵,却并未冲淡诗中深沉婉约的抒情气氛,弦外有音,味外有味,"使人神远",深得婉约之妙。

少女心事古今一般同。在汤显祖的《牡丹亭》中,天生丽质的杜丽娘逗留后花园,她望着满院桃红柳绿、草长莺飞,不禁春心萌动,为自己大好春光、豆蔻华年白白抛洒而惋惜深深:"吾今年已二八,未逢折桂之夫;忽慕春情,怎得蟾宫之客?"于是,后花园里上演一出大龄女子的闺中情怨:

> 原来姹紫嫣红开遍,
> 似这般都付与断井颓垣。
> 良辰美景奈何天,
> 赏心乐事谁家院?
> 朝飞暮卷,云霞翠轩,
> 雨丝风片,烟波画船。
> 锦屏人忒看得这韶光贱!

闺中的李清照同样年方二八,在下面这阕《浣溪沙》里,同样将妙龄少女看到春色将尽,内心茫然,心中倍感失落纠结的闺怨之思表述得淋漓尽致:

小院闲窗春色深,重帘未卷影沉沉。倚楼无语理瑶琴。
远岫出山催薄暮,细风吹雨弄轻阴。梨花欲谢恐难禁。

——《浣溪沙》

小院里,繁花已谢,草木疯长。春光将尽,诗人不忍细看,只能躲在被厚厚帘子遮挡的闺房里,不言不语,兀自拨弄瑶琴给自己听。

山影暗淡,暮色四合,晚风乍起,又兼细雨,风雨侵袭之下,梨树上已经衰败憔悴的梨花,恐怕都要告别枝头,七零八落,成泥作尘,这是多么不得已的一件事情,怎不让人黯然神伤?

得益于父母的言传身教,才女清照诗词水平了得,琴棋书画亦妙。在这细风吹雨的天气,出不得房门,被困在幽深昏暗的闺房里独自抚琴的她,心情自然少有阳光,难觅晴云。

古诗中多用梨花写闺怨。如若读过明人唐寅同题材的《一剪梅》,清照这首《浣溪沙》词中的闺门幽怨就显得含蓄蕴藉多了。

雨打梨花深闭门,孤负青春,虚负青春。赏心乐事共谁论?花下销魂,月下销魂。

愁聚眉峰尽日颦，千点啼痕，万点啼痕。晓看天色暮看云，行也思君，坐也思君。

——唐寅《一剪梅》

"浣溪沙"原为唐代教坊曲名，此调音节明快，句式整齐，朗朗上口，少女李清照深谙其旨，另有一首《浣溪沙》应该也是同时期作品：

髻子伤春慵更梳，晚风庭院落梅初。淡云来往月疏疏。

玉鸭熏炉闲瑞脑，朱樱斗帐掩流苏。通犀还解辟寒无。

——《浣溪沙》

小词运用正面描写、反面衬托的手法，刻画出一位贵族小姐满怀伤春的愁绪和一颗孤寂无助的芳心。

习习晚风中，砌下落梅如雪，淡云疏月，依旧薄凉天气。女主人公百无聊赖无心情，随意地用个簪子挽成发髻，懒得用心去梳理如云的秀发。懒得去点燃平日最喜欢的熏香，懒得看一眼素常最溺爱的华美帐子、辟寒的犀角。

一个"慵"字，含蕴深长。

闺房独处的她，神情落寞，兴致索然，以至于无心情打理自己，粉黛不施，头发未洗。爱美之心，女子尤甚。古代的女子，起床后的第一件事即梳洗装扮，"女为悦己者容"，可一旦心无所顾，美就变成可有可无之物。鬓挽乌云，眉弯新月，小女子花枝招展给谁看？

小词以富贵优裕的生活来反衬伤春女子内心的凄楚无助，以极尽华美的室内陈设来突出深闺女子在满怀春愁的碾压之下的无情无绪。

也许，女主人公就是诗人自己。也许，女主人公只是冰雪聪明的诗人臆想的一个写作对象，只是一不小心，忘乎所以，一腔真情率真地流露罢了。

看到此梅，亦让诗人想起彼梅，也许这是另一个也许。寒去春尽，母亲在院子里亲手栽植的那株梅子树，又开始新一季的阔枝展叶，开花结果子。

"摽有梅，其实七兮。求我庶士，迨其吉兮。"

韶华匆匆，17岁的她，已值摽梅之年。

哪个少女不怀春，哪位少男不钟情？

花季少女李清照，期望在最美的年华里，遇到一个乐且有仪的良人，唤醒她关于春天的所有记忆。

第二节　人生初见

读书之余，父亲李格非会带着一双儿女到京城游玩。他告诉女儿：比拥有学识更重要的是拥有见识，学识是书读得多少的问题，见识则是眼界深浅的问题。识得人间烟火，方知山河远阔。他家的女孩子，不必行不露足、笑不露齿；不必做大门不出、二门不迈的大家闺秀。

北宋有四个都城，开封汴梁为东都，也称汴京。距离开封百余里的洛阳称为西都，用来遏制自西北而来的外侵。在东部八十里开外的商丘，设立抵御南来外寇的军事重镇，称为南都。为阻挠北部异族南犯，在河北南部大名府建立北京，史称北都。

东都汴京在当时不仅是大宋的政治中心，还是首屈一指的商业化大城市。城中人口有百万之多，大小商铺达六千多家，且水陆交通四通八达。《宋史·河渠志》记载："唯汴水横亘中国，首承大河，漕引江、湖，利尽南海，半天下之财赋，并山泽之百货，悉有此路而进。"汴河自西向东，横贯汴京城，成百上千的大小货船，载着四面八方的货物，自汴河上来。汴水滔滔，地阔天高，岸上商铺、粮仓、码头、银号、酒肆、民宅，层出不穷，琳琅满目。

在繁花浓荫中，在潺潺水声中，风格迥异的馆驿、茶楼、店铺，沿着汴河两岸次第打开。街上，人头攒动，南腔北调，笑语欢声，构成一幅生动的风情市井图。

大相国寺是宋朝最大的佛教寺院，由唐睿宗赐名并御书题额，殿宇高大巍峨，壮丽绝伦。寺内亭台楼榭，雕梁画栋，璀璨耀眼，富丽堂皇，素有"金碧辉映，云霞失容"之美誉。它集佛寺、庙会、集市于一体，招徕南来北往的商客，店铺林立，鳞次栉比，是东京城最大的商业文化娱乐中心。

每月的初一、十五和逢三、逢八的日子，寺内会开放庙市，供百姓交易，这就是赫赫有名的"万姓交易大会"。交易大会上，有拜佛上香的，有占卜求卦的，有休闲观光的，有买卖古籍字画的，游客爆满，接踵摩肩。庙会上还有杂技、戏剧、说书、口技等文艺活动，真所谓"技巧百工列肆，罔有不集，四方珍异之物，悉萃其间"。

宋朝的节日很多，诸如元日（春节）、元宵节、寒食节、天庆节、冬至，都是被冠之以"节"的好日子。不过，若论最隆重、最热闹、最奢华的节日，元宵节必须排在首位。它是大宋子民声势浩大的购物、娱乐与出游的狂欢节。

它的浩大表现在声势的营造上。节日尚远，大相国寺的过节氛围已经开始全方位打造："奇术异能，歌舞百戏，鳞鳞相切，乐声嘈杂十余里，击丸蹴鞠，踏索上竿。"

它的浩大表现在丰富多彩的节目上。正月十五这天，万人空巷，人们都去哪儿了，当然是看节目去了。元宵节的节目异彩纷呈，最为吸人眼球的有：张九哥生吞铁剑，李外宁的傀儡表演，温大头弹奏嵇琴，小健儿魔法吐五色水，杨文秀表演的鼓笛，尹常卖的说书，王十二的剧术，还有各种杂耍，舞狮子、踩高跷、敲大鼓、划旱船，各怀绝技的艺人走上街头，各显其能。"欢乐无穷已，歌舞达明晨。"不能不说，仪式感极其强烈，大宋子民太幸福了。

它的浩大表现在豪华的灯景布置上。"灯"即"丁"，提灯、闹灯，古人往往视为人丁旺盛的佳兆。所以，最热闹的场景不能没有亮丽花灯的铺垫。所谓锦上添花，这里的花，可以是精美绝伦的花灯。元宵节的灯，素有"灯山""灯市"之名，每夕皆燃，亮如白昼。有白鹭转花、黄龙吐水、金凫、银燕、浮光洞、攒星阁等，举不胜举，名字不俗，灯更异彩。其品类多，数量大，色彩艳，明黄色、亮紫色、橙红色、橘黄色、琥珀色、翡翠色，千树花开，灯亮烛明，为这天街茶肆、亭台楼阁增色添彩。

"灯市"从正月十四夜开张，通宵达旦至正月十八。五日之内，京都的万街千巷，夜夜笙歌，张灯结彩。家家户户房前挂灯，屋后亮灯，提在手上的是灯，顶在头顶的是灯。五光十色的花灯辉映夜空，如山叠锦绣，流光溢彩。果然是：灯比月明，人赛潮浪，无眠元夜看熙攘。

它的浩大还表现在观展的规格上。宋代的元宵节，不独贩夫走卒，黎民百姓，王侯将相，就连皇帝与嫔妃、皇宫贵族，也要走出宫廷为这每年一度的狂欢之节助兴。皇帝带着一大群妃嫔、侍卫乘着凤辇，登上宣德门，坐在宣德楼上专为皇家搭建的山棚下赏花灯，看节目，看艺人在露台之上表演相扑、蹴鞠、百戏等，与民同乐。

龙袍玉带的皇帝端坐在御座之上，庶民百姓则在台下围观皇帝，得以近距离地一睹龙颜，山呼万岁，好一派举国同庆、笑语喧声、君民同乐的盛世太平景象。

元宵节的特殊还在于，那些平日养在深闺人不识的女孩子，也可以在此良辰佳节和家人一起，欢欢喜喜地走出家门。身着漂漂亮亮衣裙的少妇、少女戴着镶有翡翠珠串的帽子，绾着高耸黑亮的发髻，鬓角插着各式各样小巧精致的绢花，袅袅婷婷、仪态婀娜地盛装而出，无疑，她们成为御街最亮丽的风景。

元宵节的御街上，万头攒动，游人如织，车如流水马如龙。有来看灯的，有来看人的，香车宝马，玉盘珍馐。酒楼茶肆灯火通明，成为文人雅士聚会的理想去处。竹窗夜饮，樽前抚琴，彻夜不息。整个京都，鼓乐喧天，鞭炮齐鸣，火树银花不夜天。乐声、笑声、叫好声，绵延十余里外。

"小桃枝上春风早，初试薄罗衣。年年乐事，华灯竞处，人月圆时。禁街箫鼓，寒轻夜永，纤手重携。更阑人散，千门笑语，声在帘帏。"宋代词人李持正这首《人月圆》，恰是上元节喧嚣街景的真实写照。

照例，元宵节这天晚上，父亲和母亲带着17岁的清照和弟弟李远，一家四口乐悠悠地走在喧闹的街市上。他们的头顶，五色烟花腾空而起，在空中盛开成硕大的花束，犹如菊花闹秋，海棠雨戏春……五彩花团无根生，金丝银线尺尺彩。令人眼花缭乱，目不暇接。

人海如潮，灯市如昼。天空中，那一轮圆圆的皎洁，似乎也化身为一枚银色灯盏，为这如潮灯海平添一分明媚之色。

9岁的李远为每一朵腾空的烟花而惊呼，牵着姐姐的手跑着跳着。清照亦被弟弟的情绪所感染，遥望星空，笑意盈盈。

走着走着，弟弟李远的眼神被寺庙一隅的马戏表演所吸引。宋代的马戏，不只是骑手在马上做立马、跳马、倒立、镫里藏身等传统马术特技表演，但凡经过特殊训练的动物表演，也都属于马戏范畴，时谓"教禽兽"。

"教走兽"的"猴子演百戏""笨熊翻筋斗""蠢驴跳柘枝舞""狮豹献艺"等节目；"教飞禽"的"禽鸟认书""乌鸦下棋"等节目；"教虫蚁"的"蚂蚁角胜"，"教水族"的"鱼跳刀门""乌龟叠塔"等绝技，出奇制胜，妙趣横生，逗得观众不时爆发出雷鸣般的掌声和喝彩声。

清照和弟弟看得津津有味。偎依在父母身边的姐弟俩，沉浸在这欢乐祥和的氛围之中。

"哥哥，哥哥"，忽然，沉思的清照被李远脆亮的呼叫声惊扰。循声望去，只见堂兄李迥正从一家古籍字画店内闪出。他的身边，站着一位玉树临风的白衣少年。

两人大步过来，一并施礼问候。从他们和父亲的对话中，清照知晓白衣少年是堂兄太学的同窗好友赵明诚。

赵明诚。乍听到这个名字，冥冥之中似有某种昭示，令清照心跳加速。眼前眉如墨画、目似星辰、一身书卷气的少年，她感觉莫名地亲切，让默然立在母亲身后的她，忍不住瞅了一眼，又瞅了一眼。

四目相接，瞬间激起电光石火。别样的温暖感觉，漾上她少女的心头。

一番寒暄之后，堂兄李迥和白衣少年施礼告辞。白衣少年回头深深地看了一眼清照，和堂兄李迥相伴而去。

而这一眼，同样深深地镌刻在17岁少女清照的眼底、心底，微风掀起百尺澜，许久许久，无法平息。

"和迥儿一起的叫赵明诚，是迥儿太学的同窗，乃当朝礼部尚书赵挺之的季子。虽系出名门，却毫无纨绔之风，和乃父秉性完全不同。其性简静，闲音律，精书画，读书广博，犹喜金石书画收集，孜孜不倦，日后必成大器，是太学里卓然出众的学生之一。"

父亲一面向前移步，一面同母亲絮絮地聊着。清照牵着弟弟，迈着细碎的小步，默默跟在他们后面。

一霎时，"赵明诚"这三个字，以及他的如画眉目，他的清贵气质，他的出尘风度，他的清秀背影，萦绕在她的脑海里，盘旋往复，挥之不去。一种无可名状、难以言传的感觉，充盈她的全身。她感到自己心尖微颤，双颊绯红，身边的空气，似乎都在一寸寸燃烧成烈焰，热气蒸腾。

缘分总是这样，适逢其会，猝不及防。

每个人都喜欢瞭望星空，渴求在那里找到自己心仪的那颗星宿。却极少有人能不迷航向，灵犀直指，深悉属于自己的那颗星处于何方位置。至此今夜，清照似乎心有所悟。

人生若只如初见。多少年之后，李清照还记得她和他初见时那一眼怦然的心动，记忆里那份少女的情怀，让她有那么一刻的恍惚，以及刹那的娇羞。

第三节　党争之患

自那日元宵节晚归家之后,活泼爱笑的清照像变了一个人似的。她不再和弟弟李迒逗玩嬉闹,常常一个人伫立窗前,双目有光,不言不语。

或端坐在书案边,研读从父亲的藏书阁搬过来的一大摞珍品藏书——欧阳文忠公的《集古录》。皇皇十卷,安置案头。不只精读,还精心地做了笔记,厚厚几本,废寝忘食,手不释卷。

母亲总是家里最心细的那个。女儿的细微变化尽收她的眼底。翌日,站在竹林前观察女儿一言一行的她,轻轻地摇头,抿嘴一笑,去书房和父亲商量这件重大的家事。

"女儿眼光不错,赵明诚这孩子确实是不可多得的士子。"父亲李格非爽朗地拊掌而笑,"不过……"

他微微皱起眉头,欲言又止。

自然,明慧的王氏懂得丈夫的欲言又止。

赵明诚是赵挺之的季子,这桩婚事成与否,真的没有那么简单。

父亲的难言之隐,乖巧懂事的清照何尝不清楚?这同样也是她所忧之患。

不过,正如父亲所言,有些事情急不得的,面对棘手问题最上乘的处理方法是:静观其变,顺水行舟。

缘分使然,她相信那个他正在为之努力。

赵明诚,字德甫,又德父,年长清照三岁,山东密州诸城人,后跟随父亲举家迁居青州,和李家算是老乡。赵家乃当地名族,官宦之家。父亲赵挺之熙宁三年(1070)进士,在文坛和政坛都颇有名气。先在登、棣二州任教授一职,后改任德州通判。通判是由皇帝委派的知州副职,有直接向皇帝报告的权力。

德州毗邻黄河,是宋朝北方防御体系中的一环。哲宗登基,按照惯例,对每个驻军士卒均有赏赐,然而贪婪的郡守把赏赐的银两据为己有。知晓内情后,兵卒怒气冲天,聚众冲进了州府。郡守见势不妙,居然乘人不备从后门溜走,其他官吏也唯恐避之而不及,作鸟兽散。一场刀戈相向的兵变瞬间就要发生。千钧一发之际,通判赵挺之挺身而出,严厉地制止了事态进一步扩大。他令手下将带头闹事的兵士带至堂前,一五一十地问明情况后,果断地派人打开州府库房,当场兑现兵卒的赏赐银钱,而后又将带头闹事的兵卒抓捕问罪,冷静地处理了兵变这个棘手难题。

从他快刀斩乱麻地处理这件事来看,赵挺之绝非庸碌之辈。危急关头他有胆有识,敢于担当,果敢骁勇。亦可以感知此人精明干练,颇有政治手腕。他恩威并施,不留后患,既平息了动乱,又给下属以警诫，避免再次骚乱。

此举受到皇帝格外嘉奖。赵挺之由通判擢升为馆职，后又为国子监司业。当时李格非在太学任博士一职。国子监是太学的上级部门，类似于现今的教育部和大学的关系。

颇得哲宗赏识的赵挺之，一路升职，连任太常少卿、吏部侍郎等职位。

赵挺之之所以官运亨通，除了确有才干外，还有一个重要原因就是，他拥戴王安石变法，是变法派主场人物。

"市易法"是王安石新法之一。所谓"市易法"，就是由政府机构直接收售物资，参与市场交易，达到平抑市场物价的目的。

王安石新法制定的初心是本着利民利国去的，由政府出面平抑物价，抑制大商户重利盘剥，不至于哄抬物价，以减轻老百姓的负担。

可是，事在人为，体制下人心叵测。由于某些政府官员利欲熏心，这项利民之策逐渐演变为市场、货源、价格为政府垄断和操纵，他们的手甚至伸至批发与零售，小商小贩的糊口营生，一样经过政府官员层层盘剥。于是，城镇乡村的大中小商户举步维艰，致使商业市场日趋凋零，不得人心。所以，以司马光为代表的保守派极力反对变法新政的推行。

赵挺之在德州任职时，迎合圣意，在德平镇积极推行"市易法"。当时，身为德平镇监的苏门弟子黄庭坚则认为，德平镇小民穷，集市不大，都是星散小商户，若强制推行"市易法"，集市里的小商小贩必然星散而去，建议新法暂缓实施。力主新法的赵挺之当然不同意，于是二人产生了分歧，这个分歧让苏轼对赵挺之产生了不良印象。

崇宁元年（1102），有官员向皇帝推荐赵挺之，皇帝诏令苏轼对他进行任前考察，苏轼给出的结论是："赵挺之聚敛小人，学行小人，岂堪此选？"考察通不过，升职成泡影。

仕途升迁一向是人生重中之重的大事，苏轼此举无疑给自己招来不共戴天的仇敌。赵挺之不服，遂向朝廷申诉，并颠倒黑白，全力反扑，弹劾苏轼草书中"民亦劳止"，旨在诽谤先帝，给苏轼带来不小的麻烦，双方就此埋下怨结。

宋朝文人讲究风骨，信奉道不同不相为谋。恩师被诬陷，"苏门四学士"愤慨万分，坚定不移地站在了苏轼这一边。

不可回避的是，陈师道和赵挺之是连襟，他们都是郭概的女婿。郭概提点刑狱出身，以"慧眼挑贵婿"著称，除赵挺之外，陈师道、高昌庸和谢良弼都是郭家快婿。高昌庸官至提点成都府刑狱公事。谢良弼名气不算大，但儿子都有出息。长子谢克家曾奉迎康王赵构（宋高宗）承继大统，弹劾秦桧致其罢官，三子谢克明官至工部尚书。父以子贵，谢良弼也算青史留名了。

陈师道素来厌恶赵挺之的为人，恰逢他奉命参加十一月的郊祀典礼，晚上要伴随圣驾住在南郊的斋宫青城。当时的青城只有幔帐等临时性居住设施，难以抵挡极寒天气。陈师道家穷，身上穿的夹衣里面没有棉絮，势如筛糠。妻子心疼他，就到姐夫赵挺之家里借来一件棉袍让丈夫披上御寒。谁料，当陈师道得知棉袍是从赵挺之家里借的，火冒三丈："汝岂不知我不著渠家衣耶！"让妻子马上还回去。可惜的是，年方四十九岁的他，竟因此受冻生病，感染寒病不治而亡。从这件事足可以看出，苏门弟子对赵挺之的鄙视程度达到势不两立的地步。

其实,赵挺之除了官场经验丰富、手段老辣外,并非十恶不赦的小人。

魏州境内黄河多次决口,有官员建议迁移宗城县址于他处。转运使让赵挺之前去视察。通晓地理、历史的赵挺之经过实地考察、史实研究得出科学论断:"旧址远离高原,一千多年以来从未发生过大的水涝。现在要搬迁的地方不如旧城。如果迁徙,一则劳民伤财,二则还会祸害百姓。"可惜转运使没有听从忠告,一意孤行。结果正如赵挺之所言,才过两年,黄河发生大的涝灾,决堤毁城,一泻千里,新城居民的生命和财产严重受创。

赵挺之担任给事中出使辽国时,辽国君主借口身体不适,仅让手下的近臣到旅馆招待,自己不参加欢迎宴会。如此慢怠使臣,不合乎两国交往礼仪。但宋官吏多懦弱怕事,不敢当面提出异议,致使辽国逐渐形成默认的规矩。赵挺之却捍卫大宋尊严,据理力争,迫使辽王修正了对宋朝的礼制,此后再没有失礼情况发生。

宋徽宗即位后,赵挺之颇得赏识,擢升为礼部侍郎,是任礼部员外郎的李格非的顶头上司。

赵挺之虽然是官场老江湖,却也绝非草莽,他诗文俱佳,且写得一手好字,和宋书法家米芾来往密切。米芾在一篇书帖的跋中提到"芾于旧翰林院曾观石刻,今四十年,于大丞相天水公府,始睹真迹"。能被著名书法家郑重地记上一笔,其书法作品必有高明之处。

赵挺之有三个优秀的儿子,赵存诚、赵思诚和赵明诚。赵氏三兄弟在父母的谆谆教导下刻苦攻读,赵存诚和赵思诚于宋徽宗初年考中进士。小儿子赵明诚在太学读书，天分极高，致力于金石文物的收藏鉴赏和著录考证。

赵挺之和苏轼及他的弟子是互相看不顺眼的政敌，但儿子赵明诚却痴迷于这些人的诗词文章，常常到大相国寺文物市场去淘选宝贝，苏轼、黄庭坚的诗集、书画，即便是断章残品也要买下来收藏。

对金石书画研究颇有见地的他，深知苏、黄书籍手稿的潜在价值。事实上也确实如此，苏、黄还在人世时，他们的诗集、书画已一直稳居当时文物交易市场的畅销榜，文人墨客和收藏家争相收入囊中。

早在童年时代，赵明诚就对金石表现出极大的兴趣。父亲的书房是年幼的他最爱去的地方。他会一遍一遍地用眼睛端详父亲收藏的拓片，用小手抚摸那些古旧的金石器物，对外面两位兄长的嬉闹声充耳不闻，一待就是几个时辰。如若在家很长时间看不到他，去书房找，一准不扑空。

指引赵明诚走上金石之路的正是史学大家欧阳修，欧阳修不仅仅是文史大家，还是宋金石学的开创者。他收集金石拓片上千件，并精心整理，为这些拓片一一写跋，编辑成九卷《集古录》。"读而贤之，以为是正伪谬，有功于后学甚大。"赵明诚手不释卷，一路追随，走上金石研究的漫漫长路，将少时的爱好铸就成毕生事业。"惜其尚有漏落，又无岁月先后之次，思欲广而成书，以传学者。于是益访求藏蓄。"

在赵明诚的生活里，除了太学读书外，满眼都是金石、拓片、字画、古籍，再无他物。弱冠之年的他，深厚的文化底蕴和高雅的文化趣味，博得无数名门豪族的青睐，但这些贵族少女都难入他眼，婚姻大事一拖再拖。他的"暂不考虑"让父母非常为难。

不是他心如古井,只是三生石上情未定,缘分尚在路上而已。

"有美一人,清扬婉兮。邂逅相遇,适我愿兮。"

自元宵节那晚邂逅后,纤白明媚、别有风致的李清照让赵明诚一望而神驰,情不能已。

之前,赵明诚对李清照的芳名早有所闻,对她的诗词特别留意,用心誊抄,为她的"争渡,争渡,惊起一滩鸥鹭"叹赏,为她的"绿肥红瘦"击节,为她与张文潜的和诗拍案叫绝。为她,常向好友李炯打听一二,但苦于无缘一睹芳容。

元日偶遇,诗词印象与作者芳容在他的心海深处合二为一,所见即所想,清照清雅的外表和高洁的情操如日月般光耀,让赵明诚眼里有光,望穿秋水。他少年的心旌被一种奇妙的柔情所拨动,身不能至,心向往之。

"满堂兮美人,忽独与余兮目成",他认定,李清照就是此生踏破铁鞋所觅之女子。

虽千难万险,皆不得阻他夙愿。

第四节　词女之夫

"纵然身处风雷雨，坚信朝阳必再遇。"

不得不说，但凡一件事，如果执着地坚持不放弃，定会守得云开见月明。

元代伊士珍《琅嬛记》记载：

> 赵明诚幼时，其父将为择妇。明诚昼寝，梦诵一书，觉来惟忆三句云："言与司合，安上已脱，芝芙草拔。"以告其父。其父为解曰："汝待得能文词妇也。言与司合是'词'字，安上已脱是'女'字，芝芙草拔是'之夫'二字，非谓汝为词女之夫乎？"后李翁以女女之，即易安（注：李清照的别号）也，果有文章。

应该是赵明诚足够智慧，足够用心，才成就以上一段佳话。

话说某一天,赵明诚白天在家里睡觉,睡醒后来到父母堂前,言说自己做了一个奇怪的梦。

母亲对小儿子甚是关心,忙问:"何梦惊扰我儿?说来听听。"

赵明诚老老实实地答道:"孩儿梦见有位白发老人送给孩儿一本书,书里什么内容记不得了,只记得上面有三句话:'言与司合,安上已脱,芝芙草拔。'"

母亲郭氏一脸茫然。

父亲赵挺之何其睿智、明白的一个人,哈哈大笑着说:"这不是个字谜吗?言与司合,乃一词字;安上已脱,不是女字嘛;芝芙草拔,之夫二字也。连起来就是'词女之夫',诚儿,你要娶一个会作词的女子回家了。"

赵明诚赤红着脸低下头,不过心里暗自欢喜,知子莫若父,还是父亲最了解他。

赵明诚退下后,赵挺之和妻子商量儿子的婚事。

郭氏言:"当下京师最有才名的闺阁女子当数李格非的长女李清照,名门之后,两人年龄相当,原来幼子心意在此,门当户对,甚好,甚好。"

关于婚姻,自古以来,在人们的认知里,都会认为门当户对的婚姻会更加稳定长久。所谓的门当,不仅是社会地位、经济基础要相当,更重要的是,男女双方还要在文化内涵、思想境界、审美情趣、个人修养等层面相差无几,步调一致。

和李家联姻,赵挺之是有很多犹豫的,他对妻子讲:"屈子言,何方圜之能周兮,夫孰异道而相安?"意思是说:道不同不相为谋,方和圆如何能相合,两家立场不同,又如何彼此相安?

郭氏却不以为然,她温言细语地劝导丈夫:"屈子还说过,圣人不凝滞于物,而能与世推移。夫君如此通达事理之人,不要被眼下的时势所拘泥,必要时顺应世道变化,应时而变才好。"

赵挺之思虑良久,决定满足小儿子的心愿。

其实,老谋深算的赵挺之也是权衡再三的。

似乎为了促成这段绝配姻缘,老天都在做出巨大让步。

两家谈婚论嫁的时候,宋徽宗刚刚即位,为了平息两党纷争,他采取折中政策,推行政治大融合。新党和旧党的人都善加利用。这段时间,党争斗争有所缓和。李格非虽为苏轼学生,行事并不激进,言辞相对温和。再说,赵挺之和李格非上下级的关系还算和睦。赵挺之认为,成和败、名和利,从来无常,两家结为秦晋之好也无不可。

最重要的一个原因:沉迷金石器物的小儿子好不容易冥顽开化,对李家小女又如此用心良苦、孜孜以求,权且成全孩子罢了。毕竟老大不小了,如此,也算了却了老两口一桩心事。

于是,遂请族亲向李家提亲。

> 蹴罢秋千,起来慵整纤纤手。露浓花瘦,薄汗沾衣透。
> 见客入来,袜刬金钗溜。和羞走。倚门回首,却把青梅嗅。
>
> ——《点绛唇》

活泼爱动的清照最喜欢的运动就是荡秋千。这一天,清照早早起床梳洗罢,就和侍女莲儿到园子里荡秋千。她脱去绣鞋,让穿着袜子的小脚踩在秋千宽宽的踏板上,纤纤细手紧紧抓住踏板两边的引绳。做好准备后,一旁护送的莲儿稍一使力,站在踏板上的清照便裙裾飞扬,像一只张开翅膀的燕子穿梭在来来去去的风里,将眸子里的清愁一霎儿荡到九霄云外去。

人类没有翅膀,但始终没有失去飞翔云天的渴望。清照太喜欢沉浸在这种感觉里了。有那么一刹那间,那首她特别喜欢的《蝶恋花》漾上心头,让她有一刻的愣神。

> 花褪残红青杏小。燕子飞时,绿水人家绕。枝上柳绵吹又少,天涯何处无芳草。
> 墙里秋千墙外道。墙外行人,墙里佳人笑。笑渐不闻声渐悄,多情却被无情恼。
>
> ——苏轼《蝶恋花》

师祖坡翁是何其深情的一个人,天纵奇才却仕途不顺,屡受打压。还好,身边幸有佳人良伴相守相伴,命运对他还不至于太过苛刻。

乐莫乐兮新相知。诚然,每个人都希望于芸芸众生中找到可以交心的知音良友,却往往遗憾深重,多情总被无情恼,只能一番哂笑"天涯何处无芳草"。

于此刻,李清照的脑子里忽地闪过那个金相玉质,立如芝兰玉树,笑如朗月的白衣男子。

"长相思,长相思,若问相思甚了期,除非相见时。"

"只愿君心似我心,定不负相思意。"

她觉得，唯有这些直抒胸臆的诗词方能诠释她此刻的纷乱心绪。

小女子才懂相思，便害相思。她也禁不住为自己的痴念粉面含羞。而，身下的秋千荡得更高了。

玩累了，莲儿扶着小姐从秋千上下来。清照娇喘吁吁，懒洋洋地活动着微麻的玉臂，整理着被汗水洇湿的罗衣，忽然听到门外有陌生人说话的声音。

侍女莲儿扶着小姐坐在园子里的石凳上，铃儿一般的声音说道："小姐，你且在这里歇息片刻，我到前厅探探，哪位客人光临，有没有小姐朝思暮想的那个。"未等清照搭话，人影就一溜烟儿不见了。

不大一会儿，莲儿就气喘吁吁地小跑着回来了："小姐，小姐，有几位身穿官服的客人来访，还有那天我们遇见的白衣公子……"

莲儿话未说完，清照的脑子里就轰的一声炸了。她的绣鞋还没来得及穿上，头上的金钗也凌乱不整，万一让他瞧见怎么办？时间紧迫，无暇顾及，只穿着袜子的她，急急忙忙提着裙裾就往闺房方向跑去。

似心有所念，在进屋的前一刻，她不由得慢下了步子，侧过身子，佯装去嗅一旁枝上垂下的青梅，转过头偷偷地瞅了前厅一眼。似有灵犀相照，恰好一行几人他走在最后，恰好他回头，如同电击！心海潮涌。

终于又见到了他！她听见了自己的心跳，眉梢轻快地扬起。

在这首词中，一个活泼可爱、感情丰富却又行止矜持的待字少女形象跃然纸上。少女欲留不便留、想见又怕见的神色,惊诧中夹杂一丝慌乱,羞怯中又兼着一丝好奇,娇俏含羞又天真大胆的神情,刻画入微。

这首词同样可以在唐朝诗人韩偓的诗集里找到相似的影子:"见客入来和笑走,手搓梅子映中门。"当然,韩诗中,"和笑走"略显轻薄,"手搓梅"则意在不安,"映中门"好似旁若无人;而李词中,"和羞走"更见深挚;"青梅嗅"贵在体现女孩儿家的掩饰之状;"倚门"是心怀期待;"回首"一词,少女娇羞窥视之态宛然在眼前。

都是最寻常的字眼,却被清照慧心捕捉,来描述生活的细枝末节,炼词炼句,不无火候。

小词再次一石激起千层浪。褒者赞灵动可人,曼妙无比;贬者则以封建伦理道德为准绳大唱反调。

清照并不放在心上。喜欢是相互的,如果让全天下人都喜欢,那么,她是否也得喜欢全天下人,那怎么喜欢得过来。

无价宝易得,知心人难求。她的痴念,她的诗心,天知,地知,他知,夫复何求。

送走客人,父母来到女儿的闺房。父亲说:"赵家族人、父母一行前来提亲,送来聘书,孩儿对这桩婚事可否满意?"

清照羞红了脸庞,沉吟片刻,说:"孩儿听凭父母安排。"

母亲将她眉间垂下的一缕发丝捋到耳后,满眼爱怜:"女儿心意我们知晓,只是我们舍不得你离开。"

清照何尝不是这样呢?

何其幸运,她有着最开明的父亲和最慈爱的继母,在他们身边,她度过了无忧无虑、快意爽心的豆蔻年华,她知道自己有多么珍惜和舍不得。

可是,那个人让她同样珍惜,让她对余生的每一天充满无限美好的向往。

自此以后,清照悬着的一颗心终于落地,不再纠结。感念上天如此垂怜,她步步生莲,诗兴大发:

> 雪里已知春信至,寒梅点缀琼枝腻。香脸半开娇旖旎。当庭际,玉人浴出新妆洗。
> 造化可能偏有意,故教明月玲珑地。共赏金尊沈绿蚁。莫辞醉,此花不与群花比。
>
> ——《渔家傲》

据说,"渔家傲"词牌,由"神仙一曲渔家傲"一句取之为名,宋人用此调作词者甚众,词风豪健,譬如清照上面这首。

不得不说,这首词的词牌名和词的内容特别般配,似为清照当下的心境量身定做。

梅花,居"花中四君子"之首,玉骨冰姿,迎寒而开,艳而不俗,媚而不妖,得到众多诗人的偏爱,清照也不例外。

开于冬春之交,一向被誉为报春之梅,所以诗人开篇即抒一脉振奋喜悦的心情,"雪里已知春信至"。

在一片皑皑白雪中,诗人感受到的不是寒气逼人,冰天雪地,而是春信始来,草长莺飞、烂漫花事正在布阵和酝酿,冰冻的季节即将掀过篇章。

冬天来了，春天的脚步还会远吗？那些在冬日里能怀想到春日心情的人，一定是希望盈怀、扬眉吐气之人。

在清照深情的眸子里，虬曲的梅枝上面薄薄地覆着一层冰晶雪色，如玉树琼枝，而一朵朵粉面欲开的梅花，似美人出浴，玉洁冰清。当此际，花比美人，美人如花，别一番神韵惊艳超群。

宋诗人邵雍在其《安乐窝中吟》中坦陈："美酒饮教微醉后，好花看到半开时。这般意思难名状，只恐人间都未知。"他言：花看半开，酒饮微醺，此中大有佳趣。此种佳趣乃是人生最美的享受，也是人生最高的安乐境界。这种享受和境界，不是每个人都能领会得到的。

这种享受和境界，李清照一样领会，却自有道理。

大自然别有恩泽，故使今夜月色玲珑，疏影横斜。在如银清辉的映衬下，梅蕊花看半开，暗香浮动，美艳无与伦比。

"绿蚁，酒之美者，泛泛有浮花，其色绿。"白居易有"绿蚁新醅酒，红泥小火炉"让世人经久传唱。良宵美景，赏心悦事，这次第，当置"金樽""绿蚁"，三五好友，纵酒狂歌，来个一醉方休，方不负青春，不负花香。

词末一句"此花不与群花比"，诗人借梅以自况，自矜自得，志得意满，清高孤傲之态展现无遗。

而这美景良宵、月圆花好之境，不能不让人联想到赵李两家的联姻，春信惊至，好事将近，咏而歌之，酒不醉人人自醉。

第五节　佳偶天成

赵李两家儿女即将大婚的消息一出，京都万民瞩目，奔走相告。所谓的郎才女貌、天作之合，他们有幸在皇城根下看到这么横竖都般配的一对儿，老天开眼，让有情人终成眷属，多么难得。

所以，即便赵李两家商议剔除繁文缛节，倡行节俭，这场婚事也格外轰动，热闹非凡。

常听人说：三书六礼，十里红妆，凤冠霞帔，八抬大轿，吹吹打打，热热闹闹，三跪九叩，明媒正娶，这才叫妻。现如今中式婚礼成为时尚，很多结婚新人都越来越注重传统的结婚习俗。华夏乃礼仪之邦，古代的婚姻秉承周礼，"三书六礼"等环节是两姓联姻必不可少的议程。

"三书"乃聘书、礼书、迎亲书，指的是在议婚过程中，男方馈送的三次文书，通俗来说就是宋代有效婚姻的文字记录。聘书即定亲之书，男女双方正式缔结婚约，确定婚事，由此为证。礼书即礼物清单，上面详列男方为婚事准备的礼物数量和种类。迎亲书即迎娶新娘之书，在大喜之日的婚礼现场使用。

"六礼"说的是男女双方谈婚到嫁娶需要完成的纳采、问名、纳吉、纳征、请期和亲迎等六次礼节。

由于赵李两家比较熟识，纳采和问名一起操办。

那日，赵明诚的父母、族亲和赵明诚一起，携带着写明赵明诚曾祖、祖父、父亲名讳，同宗近亲、家里田产、赵明诚的生辰八字以及身份、职位等的正式纳采帖，前往李格非家里提亲。当然，礼不能空，茶、面点、羊肉，几坛"许口酒"取添人进口、请求女方许可之意。酒坛外面装饰着八朵大红花，上面缩着八枚色彩绚烂的彩色花饰，连挑酒的担子上也会缠上红色绉纱，谓之"缴担红"，象征喜庆吉祥，喜事临门。

李家已征求过女儿意见，自然愉快地接受了聘礼，回敬清照的生辰八字予赵家，且以酒回礼，其中一个酒坛里注入清水两瓶，放三五条活鱼，筷子一双，谓之"回鱼箸"。在古代民俗传统中，鱼取谐音"余"，既象征着生活富足、丰饶有余，又寓有祈求婚姻美满、家室兴旺之意。

赵母将两人的生辰八字拿到祖庙占卜，也就是人们常说的合婚。古人认为，双方的八字、五行和谐，婚姻才会幸福、美满。

祖庙里的阴阳先生摇头晃脑、自言自语一番，唱喏道："恭喜夫人，八字相合，上上婚配。"母亲将此消息告诉全家，皆大欢喜。这就是所谓的纳吉一说。

纳征就是送聘礼，赵家祖上并不显赫，儿子多，家底并不丰厚，所以聘礼并不丰盈，李家也不介意，尽其所有为爱女准备嫁妆。由此可见，虽然赵明诚和李清照两人的婚姻摆脱不了媒妁之言、父母包办的干系，但所有议程都是非常规范、郑重其事的，也为这场婚姻做了一个美好的开端。

男大当婚、女大当嫁，宋徽宗建中靖国元年（1101），赵明诚和李清照的大婚提上了日程。是时，赵明诚二十一岁，李清照十八岁。宋朝法定婚龄是男子十五，女子十三。在当时，他俩已算是所谓的大龄青年了。

在等待和期盼中，李清照迎来了大婚的吉日。

吉日吉时，骑着高头大马的新郎官赵明诚，带着乐师、媒人、轿夫、卜师等迎亲队伍，将身着凤冠霞帔、打扮得光彩照人的李清照，一路吹吹打打、风风光光地迎娶进赵家官邸。

"桃之夭夭，灼灼其华。之子于归，宜其室家。"正像《诗经》里描述的那样，新娘子不但美丽，而且合宜，有她的家庭一定和顺美满。

迎亲的花轿落轿后，有喜婆婆一边说着祝福的话，一边向宅前地上撒谷子、豆子、花生和糖果，围观的小孩子纷纷过来捡拾。新娘下轿后被引入新郎家上房，由卜师主持，一拜天地全神，二拜赵氏先祖灵位，三拜父母高堂。赵家父母端坐太师椅上，赵明诚和李清照双双跪拜双亲，然后两小夫妻对拜。是时，喜婆婆过来用拴着红绸的剪子，将赵明诚和李清照的头发各剪一缕，两缕叠合，以红绸扎起，这就是"合髻"。新郎新娘在亲友的簇拥下，对饮一盏交杯酒，礼成。

随即，在宾客的祝福声中，在欢快祥和的礼乐声中，卜师当堂宣读婚书：

"赵李联姻,一堂缔约。喜今日嘉礼初成,良缘遂缔。诗咏关雎,雅歌麟趾。瑞叶五世其昌,祥开二南之化。同心同德,宜室宜家。相敬如宾,永谐鱼水之欢。互助精诚,共盟鸳鸯之誓。此证!"

清照听在心里,默默谨记。她愿和他,以爱之名,以余生为期,同量天地宽,相随日月长,相敬如宾,互助精诚。

斯时的她,隔着大红的盖巾,深情地凝望着身旁同样脉脉情深的赵明诚,幸福而快乐,恍然梦中。

洞房花烛夜,赵明诚挽着一身盛装的清照,缓缓步入新房。揭下盖巾,相拥而坐。锦帐里,低语偏浓,银烛下,细看俱好。

这场盛大的婚礼惊动京城全民围观,他们拍手称快,为这天赐良缘的一对儿送去最真诚的喝彩和祝福,希望他们心目中的才子、才女美满幸福,恩爱到白头。

婚后,李清照沉浸在新婚的甜蜜和欣喜之中。

喜欢一个人,始于颜值,敬于才华,合于性情,忠于人品,自古如是。

她和她的新郎官,初见之时被缘分牵引而一见如故、心有所动;婚后的举案齐眉让她沉溺其中,心有所属。

这个行止稳当的男子,他望之俨然,即之也温的性情,丰富内敛的精神世界,他的言谈举止、风度见识,以及由内而外散发出的一种清贵气息,让她不由自主地向他靠近。

两人一起读书,一起品茶,月下弹琴,晨光里漫步,你侬我侬,忒煞情多。

常言道:文史不分家。赵明诚诗文亦有功底,只是在金石字画方面，倾注更多心力。

他向新婚妻子说起他的金石收藏，口若悬河，源源不绝于口："余自少小喜从当世学士大夫访问前代金石刻词，收蓄前代石刻，文物古籍，精研金石，日趋痴迷，愿尽天下古文奇字之志，终生不渝。"一以贯之、锲而不舍的脾性，以及对金石事业的热衷，犹如草蛇灰线般，在赵明诚的人生埋下注脚。

丈夫对金石的痴迷与坚持，让清照赞佩有加，心里不由得漾起更深层次的理解和喜欢。

她喜欢看他谈论金石时眼里闪闪发光的样子，让她如沐春风，振奋精神。她爱他，不只是因为他的样子，还因为，和他在一起时她的样子。她心里最美的地方，被他眼底的光芒照彻。

赵明诚带清照到楼阁之上参观自己的收藏宝物，给她讲述每一件宝物的身份、来历，如数家珍。让赵明诚惊奇的是，新婚的妻子不仅诗词功力逼近前辈，对金石之学亦有涉足，且颇有见地，谈吐成章，他大为惊诧。

清照告诉他："妾身尚在闺中，爱屋及乌，遂将欧阳永叔《集古录跋尾》十卷四百余篇逐一翻检，对金石研究略知一二。"

赵明诚已经领教了清照所谓的"略知一二"，惊喜异常，惊呼连连："吾爱奇女子也，奇女子也！"如获至宝。

落花有声，山月清明，找到和自己同频共振的那个人，谁言不是人生的另一种惬意？

正如智者所言：极致的喜欢，是一个自己与另一个自己在光阴里邂逅重逢，愿为对方毫无道理地盛开，为对方无可救药地投入。脾气、情趣相投或相通，无非浅喜。最深的喜欢，就是爱，就是生命内里的黏附和吸引，就是灵魂深处的执着相守与深情对望。

是的，爱情不仅仅是花前的浪漫、月下的誓言，不是轻绵的眼泪，更不是求全和迁就，爱情是建立在共同行动、共同努力、共同坚守的基础上的。

两个年轻人耳鬓厮磨，生活中最大的乐趣就是一起到大相国寺淘宝，共同玩赏金石字画。

大相国寺是个大卖场，每月开放五次，是京城人的淘宝天堂，市场上琳琅满目，真假雅俗，称得上是无奇不有。

对于赵明诚夫妇而言，最有诱惑力的是古玩市场，他们频频光顾资圣阁殿门前的书画古玩店，在这里淘选金石碑碣、书画古玩和古籍善本。

尚是太学生的赵明诚，虽然贵为御史中丞的儿子，也常常囊中羞涩，花钱从不敢大手大脚。每月的初一、十五，逢大相国寺开放日，他便请假回家，拿出当季不穿的衣物，质押到典当行，换来五百文钱，和妻子一起乐颠颠地到大相国寺"淘宝"，碰到特别中意的古籍、拓片或古玩，就斥资买下，剩下的零钱买些点心、时鲜水果等零食，夫妻俩满载而归。

回到他俩的小家，小夫妻俩一边吃着小零食，一边研读淘回来的古碑拓片，兴味盎然，像上古社会葛天氏的子民那样自由和快乐。葛天氏是一个远古部落，其治下风尚淳朴，民众操牛尾而歌唱，安然自得，是后世文人雅士向往的桃花源。

赵明诚常常把关于大相国寺的异闻趣谈讲给清照听。

他讲，为官正直、直言敢谏的蔡襄大人在泉州做官时，整顿吏治，曾将贪赃枉法的晋江县令废为平民，遭到县令同胞兄弟的打击报复。在英宗登基后，他们找人模仿蔡襄的笔迹，伪造奏疏，奏请仁宗不要立英宗为太子。然后将这份假奏疏印刷本拿到相国寺叫卖。相国寺云龙混杂，假奏疏一经传播，就被内侍飞马呈递到英宗手里。龙颜大怒，圣上要将蔡襄满门抄斩，幸亏宰相韩琦慧眼识假，倾力营救，才让蔡襄渡过一劫。

有幸运就有没那么幸运的，沈括的堂侄沈辽就是极其倒霉的那一个。有一次，酒至半酣的他逢场作戏，在一名歌姬的裙带上题了一首艳词。不久，这条特别的裙带竟在相国寺的摊位上被公然拍卖，一内侍看到后买下，随即送给宫中一个妃嫔。不料却被神宗皇帝注意到了。在朝堂上倡导文武百官励精图治的他大为不悦，在朝堂之上愤愤地撂下一句："如此等人，岂可不治！"令监察御史严加治理。最终，在吴县做县令的沈辽被御史找茬"削籍为民"。可怜的他何曾想到，大相国寺一根裙带的买卖竟会断送他的大好前程。

见清照听得有兴致，赵明诚接着说：大相国寺富有稀品宝物，毋庸置疑。山谷道人很有眼光，曾在相国寺淘到一本红杏尚书宋祁大人的《新唐书》草稿手迹，大喜过望。拿回家之后，他仔细揣摩上面删改的字句处，根据这些学习宋大人的创作思路和写作方法，写作水平突飞猛进。书法家米芾也是相国寺常客，他在市场上曾购置一幅"破碎甚古"的《雪霁图》，认准是王维笔墨。同往的范大珪听后，惊羡不已，遂央求米芾将这幅画借去把玩。没想到次日推说画作送去装裱，一去无返。其他朋友代为不平，米芾则笑笑，摇头说："多年老朋友了，且送他吧。"米芾还得到一幅花鸟画大家徐熙的真迹，不能不说，书画行当，他慧眼独具。

说完，他从一方匣子里小心地捧出自己淘来的苏公流放海南时的行书手迹，两个人字字研磨，赏玩摩挲，爱不释手。

  这份相濡以沫的感情，很难不令人艳羡。暮年的李清照在《金石录后序》中记录："余建中辛巳，始归赵氏，时先君作礼部员外郎，丞相时作吏部侍郎，侯年二十一，在太学作学生。赵、李族寒，素贫俭。每朔望谒告出，质衣取半千钱，步入相国寺，市碑文果实归，相对展玩咀嚼，自谓葛天氏之民也。"

  这段美好的时光，也成为她毕生最难以割舍的记忆。

卷三　党争株连，人生最苦是离分

第一节　琴瑟谐美

这世上最难得的是舒服，相处舒服、相谈舒服、相看舒服，爽心悦目。

赵明诚和李清照绝对属于这种舒服类型的。明代江之淮在《古今女史》中云："自古夫妇擅朋友之胜，从来未有如李易安与赵德甫者，佳人才子，千古绝唱。"后代既有此总结，当代耳闻目见的，此种观点一定是盛行已久。

"擅朋友之胜"是说夫妻两人除却夫妻之间的情分，还有跟朋友之间那种无话不谈、两肋插刀、肝胆相照的豪情。

丈夫致力于金石、碑刻、文物、字画收藏，认真琢磨的执着远超旁人。内心如琥珀一般通透的清照，认为这是一件可以彪炳千古的大事，所以她鼎力支持，从无怨言。这是一种何等宽广博大的胸怀。

新婚的清照准许丈夫每月初一、十五去典当衣物，换钱来购置金石、古物，把钱扔在故纸堆里，纵容丈夫的沉溺，这是一般妻子做不到的。

及至后来，赵明诚因喜欢和收藏苏轼、黄庭坚等人的字画手迹，"失好与父"，在赵父不给零花钱、生活更加拮据的状况下，清照没有不管不问，劝丈夫收手，而是夫唱妇随，主动分担丈夫的愁苦，将父母给自己操办的嫁妆、金银首饰都拿去典卖，和丈夫一起誓将金石事业进行到底。这是何等患难与共的大义。

倾其所有且毫无保留地付出，只为一个深沉的"爱"字，一个"懂"字。因为懂和爱，选择你需要的方式去爱你。

人生得一灵魂伴侣，夫复何求。在通向艺术殿堂的道路上，赵李夫妇可谓琴瑟谐美，志同道合，乐在其中矣。

李清照当时的词作，亦真真切切地映射出初婚的情致和意绪。

> 卖花担上，买得一枝春欲放。泪染轻匀，犹带彤霞晓露痕。
>
> 怕郎猜道，奴面不如花面好。云鬓斜簪，徒要教郎比并看。
>
> ——《减字木兰花》

市井百态、寻常生活中，人间烟火气，最抚凡人心。生活少不了诗书的润泽，同样需要浓浓烟火气的滋养。

清照的这首《减字木兰花》就是一缕抚人心的烟火气，充满生活气息。

一大早，慵懒在床上的清照听见街上传来卖花郎脆生生的叫卖声,忙命侍女莲儿开门去买一枝梅。

好新鲜的一朵春,泛着早霞的颜色,乍开还敛,轻柔粉腻的花瓣上,莹莹润润地挂着几粒早露,宛若美人泪痕,愈加楚楚动人。她想把这朵嫣红和丈夫分享,又隐隐担心自己的容颜比花逊色。便先入为主,精灵古怪地将花朵斜插云鬓,转头问身边的夫君:"你瞧,你瞧,是我好看还是花好看?"

男人都喜欢打扮靓丽的女人,这一点不言自明。

而敢于与花容较高下,清照自有着天真的自信。同时也说明,清照也是极其好看的,颜值不容小觑。

李清照的画像最早见于晚清的四印斋刻《漱玉词》中的附页,题为"易安居士三十一岁之照",时代久远,不能断定其真伪。从画像来看,李清照瓜子脸,高额头,大眼睛,清丽端庄,其神韵和诗人画作中的自己特别相符。《宋史》中记载清照的父亲李格非"俊警异常",想来,有着俊逸超群的父亲,女儿的颜值用"姣好"一词实在不过。况且,画像中的年龄显示三十一岁,回溯到十几年前,年轻的她毫不迟疑地与鲜花"教郎比并看",盖自信满满。

至于赵明诚怎样回答的,或许逗她"花比你美",胸膛上结结实实地挨了一顿粉拳。或许他会老老实实地讲"你比花美",让眼前那人眉彩飞扬,倾倒在他怀里。

这些已不再重要,小词不言情,而情味满溢,不言爱,却爱意浓俨。这就是诗人的精到之处,时止则止,留下空间,让读者去脑补去想象。小两口的烟火生活窥一角而知全貌,美满幸福一览无余。

明朝大才子唐寅就以《题拈花微笑图》为题,脑补了丰富的画面:

> 昨夜海棠初着雨，数朵轻盈娇欲语。
> 佳人晓起出兰房，折来对镜比红妆。
> 问郎花好奴颜好，郎道不如花窈窕。
> 佳人见语发娇嗔，不信死花胜活人。
> 将花揉碎掷郎前，请郎今夜伴花眠。

诗中也即一幅小夫妻亲昵戏闹的闺情生活画面，但，男性用笔，似乎总不够含蓄，不够传神，少点留白的灵巧罢了。

情商高的女子懂得善于经营自己的婚姻，在寻常烟火色里加点作料，时不时来个小翻转，使个小心眼，亮个小惊喜，抖个小机灵，让丈夫时有新鲜、惊艳之感，使乍见之欢变成久处不厌。无疑，李清照是频频出招的高手：

> 晚来一阵风兼雨，洗尽炎光。理罢笙簧，却对菱花淡淡妆。
> 绛绡缕薄冰肌莹，雪腻酥香。笑语檀郎，今夜纱厨枕簟凉。
>
> ——《丑奴儿》

傍晚时分，刮了一阵风，下了一场雨，洗尽夏日逼人的暑气，天气格外凉爽。小女子弹了一会儿笙簧，又对着菱花镜敷上一层薄薄的晚妆，就上床睡下了。绛红色薄绢睡衣朦朦胧胧，红纱里雪肤冰肌若隐若现,散发出醉人的幽香。

女子笑着对正在看书的夫君说:"今晚的枕席好凉爽哦。"

这首小词风情无边,既"露骨",却也婉转地达意,真实得有趣亦有情。

一个女词人,敢以如此大胆、任性、率真的笔法来描写儿女情长,在当时的社会,无疑惊世骇俗,为封建卫道士所不容。与她同时代的王灼多有微词:"作长短句,能曲尽人意,轻巧尖新,姿态百出。闾巷荒淫之语,肆意落笔。自古缙绅之家能文妇女,未见如此无顾藉也。"

才女之才,不得不服,故先捧几句好话,但随之却挥来一大棒子,不留余地地打压。不过提笔小记,寻常生活琐碎,自家烟火,自家官人喜欢,何为不堪?李清照依然如旧,不做理会。遣词酌句,信手拈来:

暗淡轻黄体性柔,情疏迹远只香留。何须浅碧深红色,自是花中第一流。

梅定妒,菊应羞。画阑开处冠中秋。骚人可煞无情思,何事当年不见收。

——《鹧鸪天·桂花》

秋风凉薄、阳光微澜的季节,院子里的桂花开了。嫩黄的小小花瓣,像耳钉上的镶花,碎碎的精致的清幽,躲在枝叶间,温顺又娇羞。它不张扬,不为人所瞩目,人们循着香气,着意寻才得以看见,这就是桂花之贵。是呀,何须用大红碧绿的颜色去招摇炫耀,枝头的它，本来就是花中第一流。

早开的梅花一定忌妒她，晚开的菊花也会感到羞愧吧。开在中秋的桂花，没有任何一种花花草草可以在这个时节能与她相提并论。让词人不解的是，屈原当年作《离骚》，以名花珍卉以喻君子修身美德，竟把香冠中秋的桂花遗漏，清照为桂花抱屈，感叹屈子情思不足。

李清照曾写小词赞梅花"此花不与群花比"，现在又写桂花"自是花中第一流"，皆是有感而发，以梅之高洁，桂花之内在美，寻章摘句，托物抒怀。

"风可以吹起一张大白纸，却无法吹走一只蝴蝶，因为生命的力量在于不顺从。"桂花貌不出众，色不诱人，却香清逸远，小词是咏花，又似咏人，显示了词人心态的卓尔不群，词品的卓尔不群。

近代文艺理论家王国维赞曰："'何须浅碧轻红色，自是花中第一流'，易安语也，其词品亦似之。"万花丛中，脱颖而出。

每个人的追求不同。李清照觉得，夫妻俩沉醉于艺术天地，攻读而忘名，自乐而远利，这是很快乐的事情。感到快乐，就是一种幸福。

做喜欢的事，和喜欢的人厮守一起。酸甜苦辣，甘之如饴。对于燕尔新婚的赵李来说，现世安稳、光阴静好大抵如此。

奈何，人间没有单纯的快乐，快乐总夹带着烦恼和忧虑。

第二节　元祐党碑

碑，《说文》解：竖石也。《汉语字典》释义为：刻上文字纪念事业、功勋或作为标记的石头。所以，人们常说丰碑、口碑、有口皆碑。

在世人心目中，能够被刻在碑石上以纪念，或者树碑立传的，大都是值得称颂的人物和事件。但在北宋王朝，就有这样一块奇特的碑刻，立碑的人希望碑上的人被斩尽杀绝，遗臭万年。而石碑上人的后人，却以石碑上有高祖的名讳而与有荣焉，永志不忘。这，就是元祐党碑。

元符三年（1100），宋哲宗赵煦因病驾崩。哲宗无子，祖母向太后临朝听政。她以女性的直觉和敏感惩恶扬善，同情旧党，废除新政，元祐大臣全部获得赦免，苏轼亦在其列。被流放的元祐党人一部分回到京都升官补缺，一部分就地养老，还以自由身。向太后又力排宰相章惇"端王轻佻"之异议，拥立宋神宗赵顼第十一子赵佶为帝，是为宋徽宗。向太后摄政六个月，还政于宋徽宗。

建中靖国元年（1101）正月，向太后去世。七月二十八日，北归途中的苏轼因病卒于常州，享年六十六岁。

苏轼病故后，晁补之、张耒、李格非等苏门众学士万分悲恸，纷纷以各种形式祭奠恩师。可是，此时的朝堂，风起浪涌，又不太平了。

八月末，有好事者又拿苏轼、苏辙做文章，攻讦他们诽谤神宗，诋毁熙宁新政，晁补之受到株连，再次被驱逐出京。次年，宋徽宗改元崇宁，意即崇尚熙宁，继续神宗、哲宗变法之政。"建中靖国"成为宋王朝使用最短的年号之一。

宋徽宗风流倜傥，玩好不凡，从小醉心于笔墨丹青、骑马射箭、茶艺古玩、书法绘画、园林设计等技艺，十六七岁便闻名全国，"全能艺术家"这个称号对于他来说是当之无愧的。所谓格局决定结局，艺术家皇帝性情风流，生活方面亦铺张浪费，毫无节制。在他摄政期间，声色犬马，放荡奢侈，不仅让手下权臣从南方各地寻访、采办"花石纲"，耗费大量财力、人力、物力，经水路输运至京，在汴梁城大兴土木，修建"括天下之美，藏古今之胜"的"艮岳"，还派各路人马在全国各地搜集奇珍异玩、古书字画，把自己喜欢的艺术发扬光大到极致。但对于国家却疏于管理，并根据自己的喜好选拔人才。

章惇做人不怎么行，看人还是极有眼力的。"端王轻佻"，一语成谶。

皇帝有喜好，精于钻营的权臣就会投其所好，对症下"药"。历史上，这等"人才"从不稀缺。

蔡京正是这样一个寡廉鲜耻、惯于见风使舵的投机小人。

在王安石变法时期，蔡京和弟弟蔡卞上蹿下跳，两人均成为主张变法的骨干力量；而后司马光主持元祐更化，时任开封知府的蔡京又大刀阔斧，积极逢迎，在五天内废除免疫法，恢复了差役法，将自己塑造成废改新法的模范，以"若人人奉法如君，何事不成"的功绩，被司马光点名表扬。

岂料，哲宗绍圣绍述时期，章惇和众位臣僚就新旧役法进行讨论，摇身一变的蔡京，又成了"当然应推行熙宁变法，何用再议？"的元丰中坚。

向太后摄政后，蔡京被贬居杭州。他不甘心就此沉沦，千方百计地献媚前来杭州为宋徽宗搜罗书画古玩的宦官童贯，让其在新皇帝跟前极尽美言。又投其所好，将自己精心书写并花重金绘制的扇面敬献给宋徽宗。宋徽宗自创有"瘦金体"书法和"院体"花鸟画，蔡京书法自成一绝，"臭味相投"，宋徽宗遂调遣蔡京回京，重新启用。

崇宁二年（1103）二月，宋徽宗任命蔡京为尚书左丞。赵挺之由于曾布的赏识，青云直上，被擢拔为尚书右丞，二人同为左右副宰相。

野心勃勃的蔡京，先是与曾布联手斗倒韩忠彦，又使计搬倒曾布，成为不可一世的宠臣。七月，蔡京任右仆射兼中书侍郎，正式拜相。

为打击元祐更化，宋徽宗亲拟诏书，宣布对元祐旧党中的积极分子进行惩处。蔡京自然摇尾逢迎。遂以宰臣执政官司马光、文彦博、吕公著、苏辙等二十二人，待制以上官员苏轼、刘安世等四十八人,余官秦观、黄庭坚、张耒、晁补之等三十八人,内臣梁惟简等八人,武臣王献可等四人,共计一百二十人,列于一份名单之上,归入"元祐奸党",由宋徽宗亲自书写,刻石碑立于端礼门外,昭示天下。意将碑上之人勒之于石,永世不得翻身,称之"元祐党籍碑"。

三年后,蔡京再次扩大和整理,名单上增补至三百零九人。

如法炮制,宋徽宗再次亲笔书写,刻碑于文德殿门前。同时,蔡京亦誊抄一份,交予各州县刻碑"纪念",并命令手下爪牙在民间搜集元祐党人的文学作品大肆焚毁。

好在,有明智的老百姓收藏了部分作品,才不至于使司马光、苏轼等人的作品毁之一炬。

不幸的是,三百零九人中,李格非赫然在列。随即,他由礼部员外郎外放为京都提刑,不久,又被免去提点刑狱一职,以罪臣之身遣回原籍。可想而知,处境几多凶险。

李清照得到这个消息后,心急如焚。赵明诚心疼岳父和妻子,却想不出解救的办法,只能去央求坐在副宰相位置上的父亲,请求位高权重的父亲出面做以通融,希望借他之力,让岳父一家能暂留京都。

幼子再三恳求,赵挺之均未做答允,只是摆摆手,喝令让其退下。

对于小儿子擅自收藏苏轼、黄庭坚的诗画作品,赵挺之一直心有芥蒂,担心他的任性妄为连累家人。如今,儿媳成了罪臣的女儿,他更不希望参与其中,授人以柄。

看到从前厅回来的丈夫一脸无奈的神色,清照的心一下子跌入谷底。不过，救父心切的她没有放弃。古代的女子家庭地位极低，言行举止都受到很大约束，儿媳出入起居一般在内室，只有到堂屋请安时才能见到翁舅（公爹），于是，清照写了一首诗，希望能打动翁舅赵挺之。可惜诗句大都散佚，有记载的只有下面两句：

  眼看白璧埋黄壤，何况人间父子情。

  这两句诗出自黄庭坚的《忆邢淳夫》，意思是眼看着父母即将黄土埋身，自己却无法侍奉于床前，想起人间至深的骨血亲情，怎不让做儿女的心怀悲凉。

  清照借此诗句，向翁舅表达心中的诉求，同时也另有一番深意。清照把父亲比作纯净无瑕的白璧，以"埋黄壤"暗指父亲受到诬陷，作为女儿无能为力，非常痛苦。虽然是成句化用，但发自肺腑，真挚感人，后人评价"识者哀之"。

  岂知，这首诗感动了旁人，堂上的公爹却并未动恻隐之心。

  其实，赵挺之并不是罔顾亲情、见死不救甚至落井下石的无耻之徒。不救，不过是在官场沉浮多年、八面玲珑、老谋深算的赵挺之明哲保身。

  身在官场，犹如走钢丝，稍有差池，便会惹祸上身。惩处元祐党人，是圣意不可违，政令不可挡，在这样的极端的社会大环境下，为了家族的命运，为了自己的前程"划清界限"，站定自己的立场，也是非常必要的。

  所以，对于小儿媳李清照的请求，赵挺之漠然置之。

  在李清照看来，这种漠然置之就是对自己父亲的不关心，对两家亲情的漠视和不尊重。她悲愤至极,心寒至极,掷笔而书:"炙手可热心可寒。"

你现在的仕途炙手可热,但你的心却如冰窟般寒瑟,没有人间情味。

在大倡孝道的古代,清照以这样的诗句来讥讽翁舅的不近人情,可以称得上是敢作敢为的非常之举了。

经事才识人,日久见人心。从这件事里,清照亦充分体会到了世间冷暖、人情的凉薄。次年冬天,她以一首咏梅词,感叹受党争株连、风雨飘摇的命运:

红酥肯放琼苞碎,探著南枝开遍未。不知酝藉几多香,但见包藏无限意。

道人憔悴春窗底,闷损阑干愁不倚。要来小酌便来休,未必明朝风不起。

——《玉楼春》

傲立霜雪,一枝独秀,一株梅树的绽放总是这样的惊艳绝伦,所以备受历代文人墨客的青睐。李清照的梅花咏不止一阕,每篇都独辟蹊径,各领风骚。

这首咏梅词心裁别出,以"碎"切入,隐喻梅花的"含苞欲放"。这是怎样一种欲放呢?花瓣宛如红色的凝脂,一层又一层,从琼玉一般的花苞处绽裂,碎碎地开,一朵挤着一朵,不可方物,让人不能不怜惜。

沉浸在丝丝清香里的词人,尚不知这待放的花苞里蕴含着幽香几重?她伫立在小轩窗下,一会儿心事重重,一会儿又连栏杆都懒得倚靠,无情无绪。

梅花就要开尽了,曾经一同饮酒赏花的人不曾归来,心里是多么的遗憾。这阴晴难定的时令,未必明日不大风起,枝头的梅花也许就在风雨中零落成泥碾作尘,难觅踪迹了。

人生无常,世事难知,生活"包藏无限意",有着无限美好;但"未必明朝风不起",福祸相依。你不知道,明天和意外哪个会先到来。

第三节　两处闲愁

父亲遭受革职,全家被遣送原籍,作为罪臣子女,大家族的最小儿媳,李清照在赵家的处境可想而知。

还好,承蒙上天垂爱,这种状况并没有影响到小夫妻俩的感情,反倒形成一种推手,让两个人苦乐相依,携手共进,躲进小楼成一统,把所有的精力和闲暇投入到金石、字画的研究上面,不仅赢得当世之赞,亦获得后人频频称道。

明人郎瑛在其《七修类稿》中言李清照:"诸书皆曰与夫同志,故相亲相爱至极。"

才子佳人,妇唱夫随。李清照和赵明诚成为千百年来国人心目中的最佳婚配偶像,让人们重新开始相信爱情。

赵明诚致力的金石研究,即现代考古学的鼻祖。"金",指青铜器及其铭文。"石",指石刻和石刻文字。金石学以古代青铜器和石刻碑碣为对象,研究文字铭刻及拓片,通过著录和考证等文字资料的记述，以此达到证经补史之目的。另外，对金石的身份、真伪的鉴定，也是金石考证的重要内容之一，具有非常重要的史料价值。

图画便于携带和保存，碑刻却只能身临现场去观摩拓片，或者购买，雇人搬运。为了取得第一手资料，赵明诚时不时地会像他羡慕的唐人那样，背起行囊，负笈远游，遍访古迹之地。

他要去的地方首先是山东老家。在济州任城，有一座创建于东汉桓帝建和元年前后的武梁祠。据说，武梁祠里保存着一批极有价值的武氏家族墓葬地的碑石。这些碑石上面镌刻着精美的装饰画，且内容广泛。有古帝王圣贤，如伏羲、女娲、神农、黄帝，还有颛顼、尧、舜，文王、武王、周公、孔子及弟子等；有古代忠义故事的演绎，如荆轲刺秦王、聂政刺韩王、要离刺庆忌、曹沫刺桓公等；有如无盐丑女、秋胡妻、朱明妻、王陵母等烈女节妇；有如丁兰刻木奉亲、董永卖身葬父、伯榆悲亲、邢渠哺父等展示孝敬文化的。

在这些兼文物和艺术价值的碑刻中，最为著名的是"汉从事武梁碑"。碑石长三四尺，宽一尺左右，记录武梁的生平、成就：武梁，任城人，后汉经学传述人，曾任从事掾，为州郡佐官。这块碑石引起了赵明诚的极大兴趣，他长途跋涉，亲自到任城去观摩、拓片，并做以记录。

于是，昔日温馨的二人世界，独独剩下清照一个孤零零的影子，不经意间，涌上笔端的，别是一番离愁别绪：

红藕香残玉簟秋，轻解罗裳，独上兰舟。云中谁寄锦书来，雁字回时，月满西楼。

花自飘零水自流。一种相思，两处闲愁。此情无计可消除，才下眉头，却上心头。

——《一剪梅》

秋上心头，无非愁，这首小词写的就是早秋景色。诗人伫立岸边，放眼望去，湖里的红荷依旧红着，却已呈现憔悴之色。怨不得昨夜的枕席生凉，原来，不知不觉间，又至清秋时节。

如今，红藕已谢，枕席已凉，秋意堪浓，爱人却不在身边，怎不令人怅惘？

一声轻叹后，词人悄悄地提着丝绢裙裾，独自登上岸边的一叶小舟。她抬头望向云天，只见暮色四合，月上中天，银色的月光洒满西楼。空中一行雁群，正排着人字形雁阵南飞回家。她忍不住又想：这一行雁群中，有没有传书的一只鸿雁，会为她捎来一份家书。

奈何，并没有为她停驻的那只鸿雁，有且只有满眼残败的荷花，在水里南北西东，自在漂游。她心心念念的那个他，尚在千里之外远游，诉不尽两地相思、两处闲愁，那一缕缠绵不去的牵挂，"眉头心头，再再难消"。

罗裳是比较华贵的丝质衣物，兰舟则是用木兰树制造的小船，精美昂贵。罗裳、兰舟，使整首词的词调充溢清贵之气，给人以美的熏陶。而在笔法上，亦彰显清贵之美，秋境与秋思，两两契合，不事雕琢，亦不落俗套。清代梁绍壬在其《两般秋雨庵随笔》中言："易安《一剪梅》词起句'红藕香残玉簟秋'七字，便有吞梅嚼雪，不识人间烟火气象，其实寻常不经意语也。"

在这首词中，词人以独特的方式感知情思，又以独特的技巧表达情致。情真，景真，真乃词骨。尾句"才下眉头，却上心头"，较之范仲淹"都来此事,眉间心上,无计相回避",明白如话,可品可咂,余味悠长,醒人眼目。明代王世贞《弇州山人词评》曰:"李易安'此情无计可消除,方下眉头,又上心头。'可谓憔悴支离矣。"

诚然,思念入骨,为夫消得人憔悴。

熙宁二年(1103)九月,蔡京等宠臣变本加厉,无所不用其极地打压元祐党人。他们蛊惑宋徽宗,下诏不许党人子孙滞留京师,不许参加科考,甚至波及元祐亲属,勒令他们同样不能在京城居住,不准与皇室子女通婚,已定亲的也要取消婚约。

京城上下,人心惶惶。

身处这样的大环境之下,李清照在赵家的处境更为艰难。

背井离乡之人,在世事动荡,感到不尽如人意的时候,总会把心和最后一点安全感,落在桑梓之地,父母身边。家是温暖的港湾,接纳倦鸟归林。

清照想家了,想她的明水、她的双亲。

清照向赵家翁舅(公爹)、翁姑(婆母)请示,回娘家省亲。自然,赵挺之和王氏顺水推舟,没有过多客套的挽留,当即准许。

于是,清照收拾细软,带着侍女莲儿,回到阔别五年的故乡明水。

虽被罢官革职,又有罪臣之名,父亲李格非已近花甲之年,两鬓斑白,却并未消沉。他本是喜欢清净之人。在明水老宅,除了教导幼子李远读书外,平日专心著述,闲时莳花弄草,偶尔到田间地头和乡邻一起聊古说今,沉浸于一种牧歌田园式的生活。明水山明水秀,自是最佳休养生息之地。

清照同样遗传了父亲的静。她陪着弟弟读书作画,陪着父亲喝酒谈天,恍然回到少年时光。

在明水的日子里,虽然日子清苦些,但和弟弟于父母膝下承欢,一家人享受天伦,其乐融融。

不过,某个怔忡的瞬间,她会想到京都的夫君,思绪杳杳,飘至千里之外。

这个七夕之夜,月明星稀,夜凉如水。七夕节,也谓乞巧节,和儿时一样,清照在母亲的协助下,摆出新鲜瓜果,在露台供奉织女娘娘,双手合十,虔诚地向她乞手巧,乞心巧,乞貌颜,乞得父母康健,当然,还乞得她和他夫妻两个早日团圆。

是时,手捧着丈夫赵明诚寄来的书信,她禁不住又一次潮湿了眼眶。她想起了那个芝兰玉树的男子,想起他的嘘寒问暖,关爱有加;想起他的那些金石、拓片,心疼他是否又在孜孜研读,苦苦求索。没有她的提醒和催促,会不会一不小心,又熬了一个通宵。

往事历历在目,都来眉间心上:

草际鸣蛩,惊落梧桐,正人间、天上愁浓。云阶月地,关锁千重。纵浮槎来,浮槎去,不相逢。

星桥鹊驾,经年才见,想离情、别恨难穷。牵牛织女,莫是离中。甚霎儿晴,霎儿雨,霎儿风。

——《行香子·七夕》

读到这首词的时候,你一定会被末句"甚霎儿晴,霎儿雨,霎儿风"所惊到,不过你也即刻明白了字表的意思、字里行间的深意。

七夕期间正值梅雨季节,天气阴晴不定。这种天气在民间传说里,就成了牛郎织女在一年一次难得的相会时光里,织女情不自禁哭哭笑笑、晴晴雨雨的人间气象。

如果你再深层次进行挖掘,崇宁年间政治风云变幻,诡秘莫测,同样亦是"甚霎儿晴,霎儿雨,霎儿风";或许你还可以这样联想,此间隐隐的身世之感,诗人自叹在此风雨飘摇之际,自己犹如无根的浮萍,安无定所。

这个七夕节的晚上,夜静无人,诗人听到了草木间蟋蟀的清晰鸣叫,看到了被鸣叫声惊落的一片一片梧桐叶子。这般的夜,被千重关锁阻隔的牛郎织女,会在鹊桥相逢,悲欣交集,互诉衷肠。可是,之后的之后呢,又是一年一年的离情别恨,一年一年的痛楚心酸。云阶月地,关锁千重,此恨绵绵无绝期。

所以,世人期望的花好月圆,并非皆能如愿。世间有多少有情人,就有多少不得相见的难言苦衷。既然知心相守,为何一别经年。什么时候,相爱的两个人能长相厮守永不离分?什么时候,她和她的赵郎,能够无风无雨长相依?

"云阶月地"指天宫,出自杜牧《七夕》:"云阶月地一相过,未抵经年别恨多。"

浮槎,指木筏。"纵浮槎来,浮槎去,不相逢。"取自张华《博物志》里的一则民间故事:传说天上的银河与海相通,每年的清秋季节,都有浮槎来来往往,从不失期。有人下大决心要上天宫走一趟,带着行囊和干粮乘着浮槎前往,顺海而下,星夜兼程。航行十数天后,竟真的抵达了银河。他看到,宽广的银河边,牛郎孤零零的一个人在放牛,妻子织女不在他身边,亦不在对面河岸,她同样孤零零的一个人，在遥远的、富丽堂皇却毫无快乐可言的天宫里面，日复一日地浣纱织彩，祈求着来年和丈夫的相会。

此情此景，正是李清照和丈夫赵明诚时下境况的真实写照。

第四节　重返京师

在李家每况愈下之时，赵家正如日中天，官运亨通。

崇宁元年（1102），赵挺之由吏部尚书拜右丞，进左丞、中书门下侍郎，成为朝堂之上除蔡京外的第二号大人物。

大宋有一项"恩荫"政策，宰相的一名子弟可以不经科考直接封官。赵明诚的两位兄长赵存诚和赵思诚都是进士出身，"恩荫"的名额就给了赵明诚。至此，赵明诚结束太学生涯，出仕为官。

四月，蔡京借宋徽宗诏令，焚毁苏轼父子以及苏门四学士的文集。晁补之削职为民，回到家乡缗城。挣脱名缰利锁的他，并没有颓废消沉下去，而是效仿陶潜，开启田园牧歌式的生活。

他在缗城买田置院，自号"归来子"，园子谓之"归去来园"。园子里的房舍楼阁、亭台轩榭，均以陶潜的《归去来兮辞》中的诗句命名，譬如：

堂屋前种下的树木，取"松菊犹存"之句，谓之"松菊"；

轩榭摘自"等东皋以舒啸"一语,谓之"舒啸";

小亭从"临清流而赋诗"中拿来,谓之"临赋";

筑土为台,在上面建造房屋,曰"遐观";

屋舍的走道,冠以"流憩",来自"策扶老以流憩,时矫首而遐观"。

而后,泼墨挥毫,做《归来子名缗城所居记》以记之:

> 读陶潜《归去来词》,觉己不似而愿师之。买田故缗城,自谓归来子。庐舍登览游息之地,一户一牖,皆欲致归去来之意,故颇撷陶词以名之为堂。面园之草木,曰松菊,松菊犹存也。为轩达其屏,使虚以来风,曰舒啸,登东皋以舒啸也……凡因其词以名之者九,既榜而书之,日往来期间,则若渊明卧起与俱;仰榜而味其词,则如与渊明晤语,皆踌躇自得,无往而不归来矣。

这篇辞赋凝练流畅,言之有味,字里行间洋溢着隐逸的乐趣,颇有渊明遗风,受到时人好评。

荣华不过花上露,富贵如同草头霜。归来子归去来园,书一阕归来未晚,歌一曲湖海茫茫。洞悉人性之幽微,拥有生命之旷达,以自己对生活的信心与热爱,超越种种俗世苦难,这样的人生更有意义。李清照心向往之,为老师大难之下有如此超逸绝尘之心境而倍感欣慰。

崇宁四年(1105)的北宋王朝,一言以蔽之,可谓乱象丛生、乌烟瘴气，朝堂上下，怨声载道。

三月，赵挺之不满蔡京的跋扈，奏请宋徽宗："今内外皆大臣之党，若以忠告于陛下者，乃指为怀异，议沮法度，此大臣恐人议己之私欲，以杜天下之言尔。"揭露蔡京在朝中五大宗罪：

其一，打着徽宗的旗号，欺上瞒下，一手遮天；

其二，打击异己，公报私仇，陷害忠良；

其三，大兴土木，奢侈浪费，劳民伤财；

其四，拉结党羽，倒行逆施，目无朝纲；

其五，卖官鬻爵，搜刮盘剥，中饱私囊。

宋徽宗不是个励精图治的好皇帝，但这个文艺范儿皇帝并不愚钝，且深谙平衡之道。为了牵制蔡京的独权专政，遂任命赵挺之为右仆射，与蔡京平起平坐。

这显然不是赵挺之的真正意图，做了宰相的他，更加频繁进言、上书，试图将蔡京拉下马。无疑，这是给宋徽宗出了一个大难题。

蔡京尽管有诸多不是，但他对上善于溜须逢迎，对下极尽压榨盘剥，能变着花样搞来钱，来保证皇室的正常运转和财政的巨大开支，弥补宋徽宗花天酒地、骄奢淫逸欠下的亏空。在宋徽宗的潜意识里，朝堂之上少了谁都可以，独不能没有蔡京。如果让他在赵挺之和蔡京之间二选一，赵挺之一定不是首选。

经过几番较量后，赵挺之也终于清醒，悟得了皇帝的心思。所以，崇宁四年（1105）六月，任上不足百天的赵挺之罢相，决定回青州老家赋闲。宰相待遇继续享受，不再参与朝政。

宋徽宗还是非常赏识赵挺之的，罢相之后，给予赵挺之很丰厚的封赏补偿，在汴京城的府司巷赐给宅第以及金银珠宝，让他留在京师，随时待命。

还给赵家的三个男丁加官晋爵。封赵挺之长子赵存诚为卫尉卿，掌管宫门宿卫。封次子赵思诚为秘书少监，辅助秘书监掌管古今经籍图书、国史实录、天文历数事宜，都是比较重要的职位。封赵明诚为鸿胪少卿。鸿胪寺是朝廷中"九寺"之一，负责外交及礼宾事宜，职事较少。少卿属副职，比较清闲。赵明诚不是进士出身，能得到这个官职，算是非常幸运的了。这些足以说明宋徽宗是比较厚待赵家的。

赵挺之罢相后，一人之下的蔡京，更加目无法度，乱政害国，为所欲为。

俗语说，天意难违。头顶三尺有神灵，作恶多端，必遭天谴。崇宁五年（1106）正月，天空中忽然出现异常天象，彗星当空，星尾若云，贯通天际，继而霹雳闪电，一声震天的巨响，将文德殿东墙的元祐党籍碑劈而为二，崩塌倒地。

朝堂上下，无不惊惧。

而坊间又有传言：东坡先生大德大才，其英灵已被天帝封为文相。殊不知，天庭的文相在凡间却被勒之于党人碑，天帝震怒，命雷神下凡击倒此碑，示以警告，日后恐还有大灾祸降临。

封建帝制下的统治者对风水卜卦之类都很迷信，宋徽宗尤甚之。他听闻此讯后，心虚至极，恐怖莫名，趁夜黑风高之际，悄悄命宫人将文德殿东墙的元祐党人碑彻底损毁，清理干净。

他唯恐再遭"天怒"，于是住偏殿，吃素食，拜宗庙，并下诏让手下臣僚多加建言，以求良策逢凶化吉，得到上天宽宥。

一些之前在朝堂保持中立的大臣，便趁此之机上书，规劝宋徽宗解禁元祐党人，纠正崇宁以来一些针对党人的过激做法。迫于天怒人怨，宋徽宗不得不"顺应天意民意"，下诏销毁各地的元祐党籍碑，恢复元祐党人职位，大赦天下。

元祐党人虽得以解禁，但部分党人还不能返京。黄州别驾张耒叙复承议郎，晁补之和李格非对政治心灰意冷，各自在家乡隐居，不再出仕。

在这种情况下，宋徽宗挽留赵挺之顺理成章。随即，他又罢免了蔡京的宰相职务，废止其所行之政，擢升赵挺之为特进、尚书右仆射兼中书侍郎。

诏令颁布后，彗星尾云散尽，天光尽亮，百姓拍手称快。

守得云开见月明，父亲李格非不再蒙冤，借此鹊桥，赵明诚来接清照回家。因体恤父母年纪大了，清照将侍女莲儿留在明水，代她照料双亲。她依依不舍地拜别父母，和丈夫一起折回京师。

久别重逢，清照心中悲喜交集，以一首《小重山》书写离愁别绪：

> 春到长门春草青，江梅些子破，未开匀。碧云笼碾玉成尘，留晓梦，惊破一瓯春。
> 花影压重门。疏帘铺淡月，好黄昏。二年三度负东君，归来也，著意过今春。
>
> ——《小重山》

小重山，词牌名，又名小重山令、柳色新、玉京山等，传说乃韦庄所创。韦庄有一个花容月貌且擅辞赋的侍妾,不幸被蜀主王建霸占。身为人臣,韦庄只能屈服,以一阕《小重山》遥寄心曲。岂料曲调太过凄婉,侍妾听闻,悲切难抑,忧郁而终。唐人常以此写"宫怨",《小重山》遂成为凄苦忧思的代名词。

唐末薛昭蕴是花间派很重要的一名词人,有《小重山》二首,均以失宠宫人的闺情宫怨为主题:

> 春到长门春草青,玉阶华露滴,月胧明。东风吹断紫箫声,宫漏促,帘外晓啼莺。
> 愁极梦难成,红妆流宿泪,不胜情。手挼裙带绕阶行,思君切,罗幌暗尘生。
>
> ——《小重山》

> 秋到长门秋草黄,画梁双燕去,出宫墙。玉箫无复理霓裳,金蝉坠,鸾镜掩休妆。
> 忆昔在昭阳,舞衣红绶带,绣鸳鸯。至今犹惹御炉香,魂梦断,愁听漏更长。
>
> ——《小重山》

清照这首《小重山》亦别有深意。词章首句以薛昭蕴《小重山》之成句入题。"春到长门春草青",长门,宫殿名称。汉武帝皇后陈阿娇恃宠骄横,且施用妇人媚道,东窗事发后被罢黜,幽禁于长门宫。相传,阿娇曾不惜黄金百斤请辞赋大家司马相如作哀婉动人的《长门赋》,希望能打动汉武帝。后在古典诗词中,"长门"成了宫怨、士不遇、人生失意的代名词。

李清照在词中将夫妻别离、自己孤居明水比作身处长门宫,丈夫不在身边,形单影只,顾影自怜,和幽居又有什么区别?

"春草青"的意思是春草已青而良人未归,取《楚辞·招隐士》"王孙游兮不归,春草生兮萋萋"之意。

厅堂外春草返青,江梅初绽,正是赏梅好时节,也是品茶的好时光。词人写饮茶前的细致准备,写晓梦初醒,梦境犹回旋脑际,酌一杯香茗,顿时梦去神清。春草江梅,乃怡人之景,小瓯品茗,是清雅之事。一年一度的春光如此迷人,错过了,会非常可惜。何况,两年中竟辜负了三度春天,所以很欣喜夫君的团聚,两个人要一起开开心心地度过这个美好的春天。

至此举案齐眉,二人继续投入到他们共同喜欢的金石研究领地。

有职有闲的差事,再加上父亲位极人臣,兄长掌管史籍、文书,给赵明诚提供了极大的方便,他可以大量接触皇家馆阁里的珍贵典籍、字画等,浸淫于此,忘乎所以。

说起对后世的教育和影响,人们爱说言传身教,其实,身教更重于言传,《道德经》中有"不言之教,无为之益,天下希及之"的古训,南朝范晔的《后汉书》里亦有同样的注解:"以身教者从,以言教者讼。"意思是说,以身示范,受教者会顺意跟从;反之,以言语劝诫,则会招致受教者不服而辩解。

金石学在赵家乃是家学渊源。赵明诚的祖父赵元卿自幼就是金石碑刻的爱好者,收藏颇丰。父亲赵挺之在兼侍读、修国史的时候,也曾继承衣钵,有清照记载为证:"唐遗教经,国初时人盛传为王右军书,惟欧阳公识其非是。余家藏金石刻两千卷,独此经最为旧物,盖先公为进士时所蓄尔。"赵明诚出仕后,有了俸禄,褡裢里的银子多了,搜寻购买金石、碑刻、古籍、字画的兴致就更高了:

> 便有饭蔬衣练,穷遐方绝域,尽天下古文奇字之志。日就月将,渐益堆积。丞相居政府,亲旧或在馆阁,多有亡诗、逸史、鲁壁、汲冢所未见之书,遂力传写,浸觉有味,不能自已。后或见古今名人书画,一代奇器,亦复脱衣市易。

他看到古今名人字画、稀罕的好物件,不管不顾,拿钱就买。褡裢里的钱买光了,典当衣物也要继续买。

兴致如此,扬名京师,吸引了众多藏有奇货的卖家前来。

一天,一卖主慕名而来,带来一幅徐熙的名作《牡丹图》,卖主一口价,要二十万钱。徐熙是南唐的著名画家,独创工笔没骨画法,特别擅长画花竹禽鱼,蔬果草虫,下笔成珍,挥毫可范,其骨气风神,古今所绝。从二十万钱的标价来看,也足以显示这幅画的稀贵。

二十万钱,或许对于当时的王公贵族、富豪商贾来说,算不得什么。但对于刚入仕的赵明诚而言,相当于两年的薪俸所得,绝对负担不起。赵明诚和妻子掂量了又掂量,心有余而力不足。

但,能得见真品,几多不易。为饱尝眼福,取得卖家的信任后,夫妻俩将这幅名画暂且留下,挂在房内欣赏。

灯明烛照之下,只见画上牡丹略施丹粉,在墙上伸枝展叶,栩栩如生,神气迥出,别有一番生动情致。夫妻俩足不出户守了两晚,才万般不舍地将画作归还卖家。

为与这幅名画的有缘无分,两人惆怅数日。李清照也将此事记载于《〈金石录〉后序》:"尝记崇宁间,有人持徐熙《牡丹图》求钱二十万。当时虽贵家子弟,求二十万钱岂易得耶?留信宿,计无所出而还之。夫妇相向惋怅者数日。"

最完美的婚姻,无非就是这个样子,两个人除了爱,还有共同的信念与信仰,予一分怜恤,飨一分理解,患难相随,休戚与共。

有失亦有得。得益于朋友的推介,赵明诚竟得到了欧阳文叔《集古录》的部分手迹,是《集古录》后面的四篇跋尾,分别为《汉西岳华山庙碑》《汉杨君传》《陆文学传》和《平泉山居草木记》。《集古录》是史上第一本金石学专著,这份手迹自然是金石学最宝贵的第一手资料,赵明诚爱不释手,精心做以整理和装订,常常随身带在身边。揣着这根定海神针,他每一步都走得满面春风。

崇宁五年(1106)二月,在鸿胪寺值班的赵明诚,又拿出四篇跋尾把玩,越看越赏心,情不自禁提笔在跋尾又题跋:"右欧阳文忠公(欧阳修谥文忠)《〈集古录〉跋尾四》,崇宁五年仲春重装。十五日德父题记,时在鸿胪直舍。"

好的物件和志趣相投的朋友一起分享,独乐乐即变成众乐乐。大书法家米芾就是众乐乐中的一员。这天,米芾欣然来访,赵明诚和妻子李清照热情地接待了这位贵客。三人推杯换盏、开怀畅谈之后,赵明诚带米芾欣赏自己收藏的宝物,隆重推出欧阳修的四跋尾。

捧着这份手迹,米芾的眼神刹那亮如灯盏。欧阳文忠公去世时,米芾年仅二十三岁,二人没有交集,为此米芾深感遗憾。见此手迹如见真人,米芾连声惊叹,此物件太过珍贵,非比寻常。兴奋之余,遂提笔在后面题跋:"芾多识前辈,唯不识公,临纸想其风采。丙戌八月旦谨题。"这份墨迹后来几经辗转,又有包括韩元吉、朱熹、尤袤、洪迈等多位名家题跋,弥足珍贵,如今收藏在中国台北"故宫博物院"。

不能不说,此珍迹能留存至今,赵明诚和李清照功不可没。

第五节　山雨欲来

经历这场风波后，清照更加看重亲人之间的情分和交流。

崇宁五年（1106），秋分后的第二天，是恩师晁补之的生日，李清照挥毫泼墨，为隐居在缗城的老师送去一份特别的寿礼：

> 薄露初零，长宵共、永昼分停。绕水楼台，高耸万丈蓬瀛。芝兰为寿，相辉映、簪笏盈庭。花柔玉净，捧觞别有娉婷。
>
> 鹤瘦松青，精神与、秋月争明。德行文章，素驰日下声名。东山高蹈，虽卿相、不足为荣。安石须起，要苏天下苍生。
>
> ——《新荷叶》

秋分，乃二十四节气中第十六个节气，元代吴澄《月令七十二候集解》中这样诠释:"秋分,八月中。解见春分,分者平也。此当九十日之半,故谓之分。"至此,昼夜均而寒暑平,三秋过半,秋色平分。

"薄露初零,长宵共、永昼分停。"词人开篇即点明写这首祝寿词的时间,即秋分时令。这个时节,云天收夏色,木叶动秋声,是丰收的季节,菊黄蟹肥,果蔬飘香;也是一年里最宜人的季节,云淡天高,气净风轻。词人以此入题,诗语简净,音律感强。

接下来词人又写寿主所居之处。陶渊明《归去来兮辞》中有:"登东皋以舒啸,临清流而赋诗",晁补之隐居的"归去来园"又名东皋,是一处向阳的高地,高地上楼台高筑,周围有清流涓涓,花草繁茂,犹如蓬莱仙境。党人碑事件之后,晁补之弃官归田,词人用蓬莱瀛洲来比拟东皋"归去来园",分外恰当。

寥寥数语,时间地点脉络清晰。有仙境必有高人雅士,芝兰即芷草和兰草。词人言,前来祝寿的都是芝兰玉树般的青年才俊。

《世说新语》中有这样一则典故:

一日,谢安问他的子侄:"你们不需要出来参与政事,为什么总想培养子弟成为优秀的人才?"

众人面面相觑,不知如何作答。

他的侄子谢玄答曰:"譬如芝兰玉树,欲使其生于庭阶耳。"意思是说,好比芝兰玉树,总想使它们生长在自家院子里。

一句话说到谢安的心坎里,让他对谢玄刮目相看。后人用芝兰玉树比喻德才兼备的优秀子弟。

古代的大臣上朝,都要带着笏板和笔,准备随时将圣意记录在笏板上,不用时则手持笏板,将笔簪插于帽冠之上,所以"簪笏"喻指官员。"芝兰为寿,相辉映、簪笏盈庭"一句,意即前来祝寿的子弟德才兼备,都是出类拔萃之人。

在老师的寿堂之上,不只满堂的青年才俊,还有很多容貌秀丽、身材窈窕的侍女在忙忙碌碌,照顾宾主起居。

这样的寿堂多么热闹,德高望重的寿主多么幸福,寿辰之乐焕然纸上。

词的上阕重在侧面描写,氛围烘托,词的下阕直抒胸臆,表达对寿主由衷的祝愿。

鹤,常和仙字连在一起;松,是最长寿的树种,松鹤即高寿的代名词。词人用鹤瘦松青、秋月争明来赞誉寿主的气质精神,道德文章。愿老师的体魄如鹤之矍铄,松之常青;愿老师的气质精神熠熠生辉,如朗朗秋月光照万物;愿老师的品德学问独领风骚,名满京师。

"东山高蹈,虽卿相、不足为荣"一句,彰显寿主的德高望重。"东山""安石",皆指东晋名士谢安。谢安早年隐居在会稽郡的东山,朝廷屡召而不出,世人皆言:"安石不肯出,将如苍生何?"后来谢安出山,在淝水之战中大破前秦,拯救江山社稷于水火。

"安石须起,要苏天下苍生",诗语言之凿凿,掷地有声,是对寿主的赞美称颂,也是词人一腔报国热血的淋漓挥洒,可谓点睛之笔。

这篇祝寿词,为恩师晁补之祝福,同时又为危于累卵的大宋江山社稷而忧心忡忡。她希望有朝一日,老师能像谢安一样重返朝堂,做出一番造福社稷的伟业。

清照忧国忧民之心,天地可鉴。

彗星事件之后,取《易经》"大观在上"之意,宋徽宗次年改年号为"大观"。

赵挺之虽复相,但是朝堂之上蔡京的亲属、党羽依旧不少,他们既不配合工作,两面三刀,还千方百计构陷、挑拨离间,让赵挺之孤立无援,推行的重大政治举措常常受阻。朝堂之上尔虞我诈,斗争日趋激烈。

另外还有极其重要的一点是,赵挺之没有蔡京到处抓钱的手腕,让皇帝花钱时时捉襟见肘,这实在不好让人接受。

日子久了,宋徽宗就想起蔡京的诸多好处。于是,在某个机缘巧合之下,蔡京的亲信察言观色,揣摩了圣意,在宋徽宗面前推荐蔡京,极尽美意,这事就水到渠成了。大观元年(1107)正月初七,宋徽宗拜蔡京为左仆射。又借南丹纳土之机,加封蔡京为太尉;接受八宝,拜为太师,为六卿之首。

这次复出,蔡京卷土重来,来势汹汹,颇有三十年河西、三十年河东,朝堂之上唯吾独尊的架势。

如此反反复复,赵挺之深知大势已去,蔡京本奸佞小人,与其被他以极端暴戾手段攻讦,不如明哲保身,主动请辞,保全家得以周全。

于是,他上书借病请辞,却未得到马上批准。宋徽宗自有他的小九九,还在玩弄他的平衡之术,试图以赵挺之继续牵制蔡京的权力,避免一手遮天。

倍感压抑和失望的赵挺之，再也提不起精神气去应对，遂称病不再上朝。两个月后，见他去意已决，宋徽宗做以准允批示。

不承想，收拾细软，准备到青州老家颐养天年的赵挺之，却由于积郁太深，突染重疾，卧病在床。三个月后，久医不治，驾鹤西去，享年六十八岁。

忽喇喇大厦倾，赵府悲恸一片。

赵挺之去世后，因居宰相之位，宋徽宗亲自到府上吊唁。赵挺之遗孀、秦国夫人郭氏携赵家子弟哭泣跪拜，向徽宗请求恩准三件事：

请求一家老小护丧回青州故居，为赵丞相守制三年；请求丁忧期满之后，赵家三个儿子能继续为朝廷效力；请求在先夫的谥号中赐一"正"字，以纪念其忠心耿耿、风清气正的一生。

其一其二，宋徽宗皆准许，唯独赐谥一事，未做应允，以"待理会"婉言拒绝。追赠司徒，谥号为"清宪"。

在古代，谥号是对本朝社会地位相对较高的人物的盖棺定论，在其去世之后，由朝廷依据其生平事迹，给予评价的称号。在宋代，行为端正，朝堂上下信服的高官，方能为"正"。如范仲淹、司马光，谥号"文正"，这是对士大夫人品和能力的最高评价。显然，在宋徽宗心目中，赵挺之并不具备这个资格。赵挺之做宰相时间不长，受当时的社会大环境影响，没有大的过失，亦没有重大贡献。

客观地讲，赵挺之虽与元祐旧党不和，有些许龃龉之事，但他行事为人又与章惇和蔡京不同。朱熹赞他"质厚清越有过人者"，他对百姓不横征暴敛、残酷压榨。对皇上不谄媚逢迎、蛊惑君心。只是，生不逢时，遇到一个不贤明的君王罢了。

果然，不出赵挺之生前所料，他去世仅三天，尸骨未寒，毫无底线的蔡京就对赵家进行疯狂的打击报复。他先以线人举报为由，命人到青州实地调查"赵挺之在青州勾结富商谋取私利"的情况，同时又拘捕传讯赵挺之京师的亲戚属官，严刑拷问。

所幸，赵挺之生前比较自律、严谨，并未获取有价值的口实，审查草草收场，转运使罗列了两条"罪状"，上书奏请朝廷：一是赵挺之当年是由元祐党人刘挚举荐的，在任期间屡屡包庇元祐奸党，属于元祐余党；二是赵挺之任宰相时，办公费用开支较大，奢侈浪费。综上所述，罪不可赦。

极其讽刺的是，当年跟随王安石，紧握变法大旗，排斥元祐党人的赵挺之，最后竟以元祐余党定罪。

对赵挺之之罪状，宋徽宗不能不表示态度，于是，所赠赵挺之司徒及其他官爵被追夺。

此举对赵家而言，无疑是雪上加霜。昔日门前车如流水马如龙的权贵豪门，顷刻间宾客散尽、门庭冷落。

事情并未结束。不久，蔡京又以贪污罪，将赵家兄弟三人投入大牢。秦国夫人郭氏和李清照四处托人，鸣冤解救。数月后，经查证，此事子虚乌有，纯属诬告陷害，兄弟三人才被释放回家。只是，封荫的官职被剥夺，赵家沦为平民百姓。

按照宋代丁忧政策，父母去世，子女须回到祖籍，守制二十七个月。这年秋天，赵明诚和李清照收拾好家常琐碎，离开京城，护送父亲棺椁回老家青州。

正值重阳，庭院内，寒气骤降，白菊绽放，一朵朵雪清玉瘦，别情依依，恰如李清照此刻的心情：

> 小楼寒，夜长帘幕低垂。恨萧萧、无情风雨，夜来揉损琼肌。也不似、贵妃醉脸，也不似、孙寿愁眉。韩令偷香，徐娘傅粉，莫将比拟未新奇。细看取、屈平陶令，风韵正相宜。微风起，清芬酝藉，不减酴醾。
>
> 渐秋阑、雪清玉瘦，向人无限依依。似愁凝、汉皋解佩，似泪洒、纨扇题诗。朗月清风，浓烟暗雨，天教憔悴度芳姿。纵爱惜、不知从此，留得几多时。人情好，何须更忆，泽畔东篱。
>
> ——《多丽·咏白菊》

多丽，又名"鸭头绿"，又名"陇头泉""跨金鸾""多丽曲"等，整首词共一百三十九个字，是《漱玉词》中最长的一首。

这首咏物抒情词，词人运用诸多典故。由于词人娴熟的遣词造句技艺，并不显得生硬堆砌，诗语简净，音韵谐美，充溢着一种通俗易懂的典雅之美。

她讲贵妃醉脸。唐代诗人李正封有一首《咏牡丹》："国色朝酣酒，天香夜染衣。丹景春醉容，明月问归期。"唐玄宗非常喜欢前两句诗，牡丹娇妍的颜色在白天如美人醉酒，浓郁的花香在晚上浸润衣衫。他认为此语可拟杨贵妃醉酒后的娇态模样："妆镜台前，宜饮以一紫金盏酒，则正封之诗见矣。"后人用贵妃醉脸比喻国色天香。

她讲孙寿愁眉。孙寿是东汉权臣梁冀的妻子，她姿容绝色，善画"愁眉""啼妆",梨花带雨,楚楚动人。又善走"折腰步",笑不露齿,极尽妖媚。实则恃宠生娇,坏事做尽。

她讲韩令偷香。西晋韩寿相貌不俗,被权臣贾充招入麾下。贾充的女儿一见钟情,与韩寿互通心曲,将皇帝御赐的西域异香送予情郎。贾充对韩寿身上的奇异香气产生怀疑,查问其女,女儿讲述实情,贾充被两人的情意打动,遂将女儿嫁与韩寿,成就一段佳话。

她讲徐娘傅粉。徐娘乃南朝梁元帝妃子徐昭佩,两人属于政治联姻,夫妻关系很不融洽。自恃出身显贵的她,每次侍寝,都会薄薄傅粉,精心描画半面之妆,借以羞辱瞎了一只眼睛的元帝。后徐氏私通朝臣暨季江,暨季江称她:"徐娘虽老,犹尚多情。"

她讲汉皋解佩。汉皋位于湖北襄阳西北处,是一座山名。相传有一个叫郑交甫的男子前往楚国,在汉皋台下遇见两位奇异女子,女子衣着华美,身上均佩戴着两颗硕大的明珠白玉。交甫心生爱恋,请求两位女子赠予玉佩。二女相视一笑,遂解佩相赠,郑氏将美玉藏入怀中,和二女依依惜别。谁知行至数十步,怀中沉甸甸的美玉不见了。回头看时,两位女子亦无踪影。才知两位神女乃娥皇与女英。离心何以赠,自有玉壶冰。这是一个令人惆怅的故事。

她讲纨扇题诗。班婕妤,西汉女辞赋家,貌美贤良,工于诗赋,初是汉成帝的一朵解语花,后被赵飞燕姐妹排挤,请居深宫,以求自保。曾写一首诗,自比纨扇:"新裂齐纨素,鲜洁如霜雪。裁为合欢扇,团团似明月。出入君怀袖,动摇微风发。常恐秋节至,凉风夺炎热。弃捐箧笥中,恩情中道绝。"后人借用"纨扇题诗",表达佳人失宠时或红颜薄命的哀怨之情。

是夜,风萧萧雨潺潺。清寒的小楼上,帘幕低垂,却也挡不住蚀骨的风寒。无情风雨，正在摧残着满园怒放的菊朵。一朵朵如玉的白菊，不似杨贵妃醉脸飞霞的妩媚与娇艳，不似孙寿那样做作与病态，亦非"韩令偷香""徐娘傅粉"的奇香与苍白，不会像"汉皋解佩"那样得而复失，不像秋天的团扇那样失爱遭弃，在微风中，她清香蕴藉，自有魅力。

这喧嚷人世，似乎只有屈、陶这样的雅士，其孤傲高洁的品性才可以与秋菊相提并论。

这个深秋的夜晚，词人和一株白菊惺惺相惜。此后余生，不管她身历苦雨，还是沐浴清风，都将如雪清玉瘦的白菊一般，开一隅不苟世俗的清雅芳香。

卷四　青州屏居，赌书泼茶的爱情

第一节　赌书泼茶

大观元年秋，赵明诚和李清照带着他们多年的收藏品，和全家人一起，从汴京出发，一路舟车，返回故里青州，开启十年的屏居生活。

当世事不尽如人意的时候，一个人总会把心和最后一点安全感落在千里之外的桑梓故里。所以，赵挺之生前始终有到青州定居的打算，这处私宅也一直请族亲在帮忙经营打理。当赵氏一族风尘仆仆回到这里，故居屋舍俨然，亭台楼阁，山石水榭，林木花草，井然有序，清净安谧，像一位静穆慈祥的老者，以其宽厚的怀抱接纳游子回归。

因家什太多，赵明诚夫妇申请到东南一处院落居住。这处院子坐北朝南，有房舍数间，小桥流水，翠竹秋荷，别有意趣。让清照一见如故，心生一份久违的亲切感。

院落北边的房间比较宽敞，人迹少，可以做书房兼收藏室，这是夫妇俩最欣喜之处。

出于对陶渊明的敬仰，兼效仿恩师晁补之的"归去来园""归来子"，清照和赵明诚决议把书房命名为"归来堂"；而后，清照又自《归去来兮辞》中摘出"倚南窗以寄傲，审容膝之易安"一句，将居室命名为"易安室"，自己亦以"易安居士"自居。意为虽身居陋室，她和丈夫甘苦与共，已然心安。

此"易安"，亦是清照心理历程的一个里程碑。从一位大家闺秀，到豪门贵妇，到罪臣之后，到乡野隐居的一户寻常人家，清照于此完美地完成了身份的转换。

一生何促，得遇良人，三餐四季，明月清风，还有什么不满足？

这浮世人生，纷争迭起，她早已看透命运的开合，人生的起落。今后，无论面临怎么逼仄的生存处境，都愿自己能淡泊自守，安然自得。

青州的屋舍、庭院齐整，屋里陈设不豪华也诸物齐备，不须费时费力添置打理。不过，初来乍到，总是要忙一阵子的。他们从京城带回的数车字画、碑帖、金石、拓片等，交给外人整理，始终是不放心的，只有自己亲力亲为了。

无疑，这是一项重大的工程。

他们找来能工巧匠，建造一排排高大结实的储物架安置在归来堂，这些储物架像高大的巨人，尽心尽职守护着"归来堂"的书库，守卫着一件件得来不易的稀世珍品。

然后，夫妻俩又耐心细致地将金石、碑刻，按年代、属性登记造册，按类别罗列归置，妥善收存；将不小心污染的书画故纸，用清水、细布小心擦拭干净，在阴凉处晾干。将破损的残页、散佚逐一勘校修补，精心装订成册；将收藏的经史子集珍本、字画碑帖、拓片等分类整理，造册登记，标注签题。

他们还将书橱编上甲、乙、丙、丁的号码，中间搁置一层木板，放置书册。如果有阅读需要，则用钥匙打开书橱，在记录簿上做以登记，然后再取出所需要的书籍。看完后还须及时还回去，再做以登记。这一套缜密严谨、一丝不苟的取、还流程，可以看出两个人对待书籍珍品的珍爱程度。

夫妇俩分工合作，不言累，不觉苦，夜以继日，投入全部心力。历时数月之久，终得以完成。

汗牛充栋，满室生辉。这一件件他们视为生命的古旧物件，每一件有每一件的故事和来历，每一件有每一件的气息和灵魂，他们沉浸在这些故事里、灵魂里，乐此不疲。

为了节省开支，易安常不食荤菜，不裁华裳，不簪珠玉，不置名器，节衣缩食。但是只要遇到古今残本、遗碑、石刻等珍品，则慷慨解囊，决不吝啬。

日子重复，每天做的事情重复，但易安从不让每一天的生活节奏重复，她依旧会花些小心思，制造些小确幸，营造些小情趣，来填充相伴的空隙，调节生活的索然，将一成不变的日子过得风生水起。

每天的傍晚时分，乃是他们的休闲时刻。易安会准备一些桃酥、蜜饯之类的小点心，在归来堂里和丈夫德甫一起品尝美食，烹茶读书。

豪爽的唐人煎茶待客，风雅的宋人则喜点茶自品。苏轼的《送南屏谦师》一诗中就有这样的情节："道人晓出南屏山，来试点茶三昧手。"在宋代，点茶是文人的一种雅好。

每一道极致的美食或饮品，都有一套精细且繁复的操作程序，点茶也不例外。

易安自幼喜欢看继母王氏点茶，长大后，亦习得一手高妙的点茶技艺。每每，她会以清溪盥洗茶炊，在茶壶里煮山泉水至沸腾，再将煮开的水徐徐注入茶碗之中，此谓之温碗。待碗里的水倒去后，用一层细布轻轻擦去水迹，置饼茶于火上，小火烘焙至干燥，再用石磨细细研碾成末，架好茶粉筛，加入茶末，手拿茶勺轻轻按压，将茶末儿过滤筛匀。而后沿着盏壁，浇注少许沸水，将末茶粉调制成膏状。再次慢慢注水，拿茶筅用力击拂茶汤，待茶汤在茶筅下泛起层层珠玑一般的泡沫，茶面汤花由翠绿渐变为奶绿，再为奶色。经过七次注水，七次不间断用力击拂，直至茶面呈现厚而白的雪沫乳花，紧咬杯盏，久聚不散，一盏茶汤大功告成。啜一口，清芬袅袅，唇齿留香。

夫妻俩一边聊天一边细斟慢酌，一室的闲适快意。

易安最喜欢和德甫玩一种"赌书"的游戏：

> 余性偶强记，每饭罢，坐归来堂烹茶，指堆积书史，言某事在某书某卷、第几页第几行，以中否角胜负，为饮茶先后。中即举杯大笑，至茶倾覆怀中，反不得饮而起。甘心老是乡矣！故虽处忧患困穷，而志不屈。
>
> ——《〈金石录〉后序》

易安聪慧，又博识强记，过目不忘。晚饭后，一天的工作完成了,闲坐归来堂的她和德甫烹茶聊天,常常用"赌书"角逐的方式,来决定谁先饮茶谁后饮茶的顺序。游戏规则是,在他们的对面,是一堆经史子集,由一人率先说出某一个典故,让对方回答该典故出自哪本书、哪一卷的第几页第几行。一人答另一人翻书验证。答中即先喝,答不中的,则出题者先喝。往往是,易安猜中的时候居多。她端起茶杯开怀大笑,由于太过得意,身体前俯后仰,德甫赶紧侧转身子来扶,没想到还是慢了半拍,茶杯倾倒,泼洒在怀,茶香拂却一身还满,一时间,两人笑闹得更加厉害。

沉浸的快乐,无与伦比。李清照真希望就此长相厮守过一辈子。虽然生活尚有磨难和不顺,但二人致力于金石研究的决心从来没有放弃。

自此,"赌书泼茶"成为被人羡慕的爱情生活,成为美满夫妇琴瑟和鸣、举案齐眉的象征。

这段爱情佳话,后被清代词人纳兰性德演绎成"被酒莫惊春睡重,赌书消得泼茶香,当时只道是寻常"的经典名句。在词中,纳兰性德深情地追忆和妻子卢氏充满诗情雅趣的相处片段,曾经美好的往昔,当时觉得最寻常不过,如今物是人非,与妻阴阳相隔,再不复相见。字字血泪,读来令人潸然。

少年时的乾隆皇帝也曾以"浇书"为典故来抒发怀抱:

清夜迢迢星耿耿,银檠明灭兰膏冷。
更深何物可浇书,不用香醅用苦茗。

——《冬夜煎茶》

清冷的冬夜,辽远的星空,忽明忽暗的灯光,十五六岁的少年挑灯夜读。何用香甜的酒酿消乏解困,抵御严寒?煎煮苦茗一盏,足以浇书醒神,寒夜陪伴。

风雨人生,认清而看清,人生自会淡定。易安很快适应了远离都市繁华的青州屏居生活。

紫陌红尘,适合自己的生活总是最好的。倘若没有一份好心情,即便花开嫣然、春光满园也是一份枉然。

京都繁华热闹,可以买花载酒,锦衣玉食,富贵荣华,可是,又怎抵青州堂前桃李春风里的喜乐长安?

唯有归来堂里的故园烟火,才让两颗备受颠簸的心有所依傍。两人犹如神仙眷侣,睡也安稳,梦亦翩跹。

庄生晓梦迷蝴蝶,易安梦到的是自在逍遥的神仙。

某一个晨曦微露的清晨,一觉睡到自然醒的易安,睁开惺忪睡眼,脑畔似乎还流连着昨夜的梦境,于是,提笔记之:

晓梦随疏钟,飘然跻云霞。因缘安期生,邂逅萼绿华。
秋风正无赖,吹尽玉井花。共看藕如船,同食枣如瓜。
翩翩垂发女,貌妍语亦佳。嘲辞斗诡辩,活火烹新茶。
虽乏上元术,游乐亦莫涯。人生以如此,何必归故家?
起来敛衣坐,掩身厌喧哗。心知不可见,念念犹咨嗟。

——《晓梦》

她是在稀疏的晚钟声中进入梦乡的。恍惚间身若轻云,双臂生风,飘飘然已跻身云天,在云蒸霞蔚之处,她看到了太白梦中的安期生和韦苏州诗里的萼绿华。

  我昔东海上,劳山餐紫霞。亲见安期公,食枣大如瓜。
  中年谒汉主,不惬还归家。朱颜谢春晖,白发见生涯。
  所期就金液,飞步登云车。愿随夫子天坛上,闲与仙人扫落花。
          ——李白《寄王屋山人孟大融》

  有一人兮升紫霞,书名玉牒兮萼绿华。
  仙容矫矫兮杂瑶佩,轻衣重重兮蒙绛纱。
  云雨愁思兮望淮海,鼓吹萧条兮驾龙车。
  世淫浊兮不可降,胡不来兮玉斧家。
          ——韦应物《萼绿华歌》

  相传安期生乃琅琊郡人,师从河上丈人学黄帝、老子之学,在东海以采药为生。他谈吐不俗,不问仕途,时人称他千岁神翁。秦始皇东游期间,曾在琅琊台与安期生长谈三天三夜,探讨不老之术。并赏赐千万珠宝,命安期生采神山仙草。安期生为避祸患,将珠玉置于琅琊阜乡亭,驾鹤而去。秦始皇并不甘心,派下属徐福等数百人到东海寻访,还未到蓬莱仙山,海面浪起千尺,汹涌而来,官船不得不解缆返回。

  数百年后,有人在海滨小岛见到一老者,鹤发童颜,食枣如瓜,自称琅琊阜乡安期生。他在岛上酿酒制药,饮酒作画。作画时,山石为纸,美酒做墨,他长袖挥洒,将酒墨泼于石,顷刻间,石面上桃花千朵,灼灼其华。人们把这个小岛叫作桃花岛。

萼绿华则是上古传说中的仙女,正桃李年华,年轻貌美,其率性活泼,来去无定,喜着一身青衣,常不请自来,到别人家里做客,善于传授他人升仙良策。

玉井花乃传说中的莲花,开花高达数丈,莲藕如小船一般。

诗人在梦中与安期生、萼绿华邂逅,一起看花吃枣,斗辩分茶。但见座上客人凤仪翩翩,谈吐不俗,都是隐居中的仙子高士,嘲谑取乐,欢聚一堂,无一不是个妙,无一不是个好。

这人世间,你躲得了俗世,躲不了纷争;你躲得了纷争,逃不离令人厌的尔虞我诈、声色犬马。或许,青州故园就是他们夫妻俩的仙境蓬莱。一堆故纸、石刻、碑帖、诗画,皆是紫霞仙阁里的安期生、萼绿华,庆幸今生能与它们邂逅相聚,有缘相守,得以享受此生此刻的愉悦欢喜。

第二节　别是一家

青州的岁月，夫妻俩有所为，有所爱，有所期待。闲时煮酒，晚来烹茶，余味无尽，惬意爽心，日子朴素而安逸。

亦有小别。屏居青州后，有了大把闲余时间的赵明诚，偶尔会和朋友一起走山访水，负笈远游。

一个人在家的日子，百无聊赖，易安就吟风咏月，托鸿雁传书，寄一份相思与夫君：

薄雾浓云愁永昼，瑞脑消金兽。佳节又重阳，玉枕纱厨，半夜凉初透。

东篱把酒黄昏后，有暗香盈袖。莫道不销魂，帘卷西风，人比黄花瘦。

——《醉花阴·重阳》

她在书信里讲：佳节又重阳，不能不思君。况且也不是丽日晴天，早晨起来，就雾气蒙蒙，浓云蔽日，和她一样，一副满腹心事的样子。一个人的归来堂，日长难挨。一个上午，她翻了几页书，然后呆呆地望着窗外，一任香炉里的瑞脑香芬袅娜升起，烟烬一点点消散。昨晚，辗转反侧中，又是一个难眠之夜。夜半时刻，秋凉飒飒，没有他的嘘寒问暖，她感到一阵阵寒意入骨。

又是黄昏时分，满园菊色，清香盈袖。就着斜阳，她酿菊花酒，一个人自斟自饮，饮得无味、无趣、无心情。

她说，莫说不寂寥，莫说不憔悴，秋风卷起帘子，帘子下的人儿，一定比那帘外的菊花还要孱弱消瘦了。

远游在外的赵明诚接到妻子的书信，为她的消瘦而心疼，同时也为她诗情如夜鹊而称好。他想，真情出诗人，他亦怀抱满腹相思，吐至笔端必也真。于是，他把自己关在客房里为她写诗。

他谢绝一切朋友，废寝忘食，挥毫泼墨，写了三天三夜，写出厚厚一扎，整整五十首词，始觉意尽。然后，把自己的五十首和易安的这首《醉花阴》掺杂一起，请友人陆德夫加以品鉴。

陆德夫品味再三，给出结论，唯三句绝佳："莫道不销魂，帘卷西风，人比黄花瘦。"

赵明诚听后，有点小小失落，旋即又拊掌大笑，得意告之："此乃夫人笔墨也！"之后，他更加佩服才女贤妻的才情了。

"莫道不销魂，帘卷西风，人比黄花瘦"三句，历代好评如潮。

同朝胡仔云："此语亦妇人所难到也。"虽然语气中带着明显的性别歧视，但细细品之，字里行间颇有些"不服不行"的须眉无奈。

清人谭莹亦有高论:"绿肥红瘦语嫣然,人比黄花更可怜。若并诗中论位置,易安居士李青莲。"佩服得五体投地,他将易安词中的地位比作诗中的李白,词中的"李青莲",世无其二。不得不说,这个评价有一定的说服性。

哲人说:"人生不过是居家,出门,又回家,我们一切的情感、理智和意志上的追求或企图,不过是灵魂上的思乡病。想找一个人,一件事,一处地位,容许我们的身心在这茫茫的世界有个安顿的归宿。"

李清照与赵明诚这一对儿,一个冰雪聪明,一个丰神俊朗,是天造地设的契合灵魂,是互为精神归宿的佳偶良缘。

为了丈夫的金石事业,清照不计烦琐,付之劳辛,倾力投入。对于清照而言,赵明诚也是集欣赏与宠爱于一身。

《漱玉集》里清照的一张画像,题为"易安居士三十一岁之照",此画像后一页,有赵明诚亲笔题字:"清丽其词,端庄其品,归去来兮,真堪携隐。"赵明诚用"清丽""端庄"来形容才女妻子的其词其品,以"真堪携隐"来表达知足心意,言为心声,可见用心。

那个能与你随时随地分享心情的人,那个任由你得意忘形,不反感还对你微笑的人,一定是你生命中最重要的人。

青州屏居的易安,始终保持着少女时的纯真率性,不曾圆滑,少有妥协,诗文激切,耿耿有奇气,与丈夫赵明诚的欣赏与宠溺不无干系。

某一天,易安与德甫拿出珍藏的苏轼和黄庭坚字画卷轴一起品鉴,苏、黄与米芾、蔡襄合称为"宋四家",都是当世的书法巨擘。

易安喜欢师祖苏轼之笔字字丰润，又不失天真朴拙，"观之犹如视敦厚贤淑之贵妇，望之未觉生疏，反而顿生一股亲近温暖之意"。德甫点头称许，又赞山谷道人之书：横而倾斜不平，竖则虬曲不正，骨力遒劲，放任自然，得之天然之妙。

两人把玩良久，又聊起苏黄二人互论书法的趣事。苏轼戏说弟子黄庭坚有时笔势太瘦，笔画过长，"几如树梢挂蛇"；因苏轼用墨过丰，结字扁平，黄庭坚调侃老师："公之字固不敢轻论，然间觉褊浅，亦甚似石压蛤蟆。"德甫告诉易安："树梢挂蛇""石压蛤蟆"皆出自王羲之《笔势论十二章》："字之形势……不宜伤长，长则似死蛇挂树；不宜伤短，短则似踏死蛤蟆。"此论虽是二人戏谑之谈，亦非常形象，一针见血地命中各自不足。这才是知己朋友该有的样子。清照不由得慨叹说，正如夫子所言，友直、友谅、友多闻，益矣。

又一日，易安偶然间看到恩师晁补之元祐年间撰写的一篇题为《评本朝乐章》的词评，大为惊喜，细细拜读。这篇词评对柳永、欧阳修、苏轼、黄庭坚、晏殊、张先、秦观等七家词逐一评述，颇具锐识。文中，他就时人评柳词"俗"之论，指出柳词有雅而不减唐人的一面。在肯定苏轼横放杰出、作词不为音律拘泥的同时，又对山谷道人"著腔子唱好诗"提出异议，认为"黄鲁直间作小词，固高妙，然不是当行家语"，文中的某些观点和她不谋而合。她想起师祖苏轼和黄庭坚不无中肯的互为"揭短"，亦想沿袭老师的笔法，斗胆提笔，从自己熟悉的词曲入手，评古论今，揭一揭古今大家的"短"；抒发襟怀，论一论自己所认知的词风、词体。

于是，一篇提出"词别是一家"的《词论》横空出世。

她讲，最早的诗，是一种声诗，即可唱的诗。周代设采诗官，每年春天，这些官员会摇着木铎寻访各地，收集反映民间欢乐疾苦的歌谣，整理后交给太师谱曲，再演唱给周天子听，作为天子施政的参考。这就是《诗经》的由来。《风》来自各地的民歌，《雅》多为贵族祭祀时演唱的诗，《颂》则为宗庙祭祀时演唱的诗。

汉代管理音乐的机构谓之乐府，后乐府也代指音乐，配合乐府所作的歌词叫乐府诗。唐代管理音乐的机构称作教坊。隋唐之后，诗逐渐脱离音乐，成为一种独立的文学体裁。

唐开元、天宝年间，唐玄宗精通音律，爱好文艺，在京城"梨园"培训了很多乐队人才。长安城里有很多以演唱为生的乐师，创作或改编一些长短句，配合音乐曲调来演唱，这便是最早的词。

当时，有个名叫李八宝的乐师，以歌声妙绝天下。

三月的一天，朝廷在曲江举行盛大的宴会，奖掖刚刚及第的新科进士。士子皆春风满面，一身盛装而来。有一位刚及第的名士，故意让李八宝穿着旧衣服，戴着旧帽子，灰头土脸地跟着他走在人群中，一同到曲江参加宴会。众人看到后都很诧异，他解释道："这是我家表弟，来沾沾大家的喜气，就让他坐在末席吧。"周围人不再多说，谁也没再留意这个人。

众人饮酒唱歌，许多歌者轮流上台献唱，其中以曹元谦、念奴二人的歌声最为动听。人们报以掌声和欢呼声，气氛异常热烈。

忽然，那位名士指着末席的李八宝大声说："请让我表弟为大家献上一曲。"众人发出一阵哂笑，有人认为这个玩笑开得太大了。

李八宝却不卑不亢，他站起身子，引吭高歌，一曲终了，众人皆泣下，纷纷拜伏在李八宝的周围："此乃李八郎也！"

自此以后，郑卫两地的乐声日益炽烈起来，乐曲的柔婉及节奏变化更见繁复。唐时已有《菩萨蛮》《春光好》《更漏子》《浣溪沙》《梦江南》等沿用教坊曲牌的名称大量出现。

五代时,各路诸侯逐鹿中原,战火纷飞,斯文扫地,再无人作新曲一路传唱了。唯有南唐李璟、李煜父子及冯延巳等君臣,时有新作问世,"小楼吹彻玉笙寒""吹皱一池春水"传为经典,新奇优美,但是,这些从即将灭亡之国传出的曲辞,天生带着哀恸的底子,不能称得上词中上品。

到了本朝,礼仪、声乐、文章、武功日臻成熟完备,柳屯田挥起改革大旗,变乐府旧声为新声,遂以《乐章集》奠定其宋词大家的地位。柳屯田的词虽然音律谐美,有些句子却流俗于尘下,极不可取。又有张先、宋祁、宋庠兄弟以及沈唐、元绛、晁次等英才辈出,却是有佳句而无佳篇,不能称得上名家。晏殊、欧阳修、苏轼这几位前辈,他们天纵奇才,填这些小词,就像是随便拿着水瓢到大海里任意取一瓢一般轻易,洋洋洒洒,出口成篇,不过和不假雕饰的诗一样,虽才气横溢,却总是有点儿不尽如人意,作词怎能不讲音律呢?

诗和文章只需分平仄,朗朗上口即可。词却要分五音、五声、六律,还要注意发音的清、浊、轻、重。比如时下流行的词牌名《声声慢》《雨中花》《喜迁莺》等,可以押平声韵,亦可以押仄声韵。若声韵不和谐,音律不协调,就不能谱曲作歌而唱了。王安石和曾巩都是文章大家,但他们的词,颇有些让人读不下去的感觉。

清照认为,词别是一家,但知道的人太少了。晏几道、贺铸、秦观、黄庭坚这些词家已经通晓此理。但是晏几道的词铺叙方面不足,贺铸的词用典方面有失火候。秦观的词深情婉约,实际的东西却似有欠缺，就像一个穷苦出身的女儿，面容清丽，装扮时尚，但举手投足之间却总是缺乏那种与生俱来的富贵之气。黄山谷的词内容充实，却白璧微瑕，价值自然也就大打折扣，未能尽如人意。

在这篇《词论》中，李清照旗帜鲜明地提出"词别是一家"之说，说明词是独立的、有别于诗的一种抒情文体，它具备音乐属性，以高雅、协乐、浑成、典重、铺叙、故实为基调，且协律、可歌。

在文中，清照有一说一，语言组织有理有据。关于对十六位名声最盛的词人的论述，虽有一些偏颇，亦有一定的深度，有其独到的见解。

陈师道《后山诗话》中亦有同样评鉴："退之以文为诗，子瞻以诗为词，如教坊雷大使之舞，虽极天下之工，要非本色。今代词手，惟秦七黄九尔，唐诸人不逮也。"认为词当如秦观、黄庭坚所作，含蓄婉约，方为本色当行。

相传，苏东坡曾问一位歌唱家朋友："我的词比柳耆卿如何？"朋友回答："柳郎中词只宜十七八岁少女，执红牙笏板，歌'杨柳岸晓风残月'；您苏学士的词，则须关西大汉，抱铜琵琶，执铁绰板，唱'大江东去'！"苏东坡听了，自己也忍不住笑了。

可见，词以婉约为正宗是彼时大多数人的看法，契合当时的大环境。之后，因时局变化而带来的豪放词风的深度植入，也是清照始料未及的。

《词论》是古代女性文学批评的第一篇专文，从另一个维度上，清照再次立足"花间第一流"的地位。

第三节　金石编纂

赵明诚词作虽不如李清照,但他归田集古,学问渊博,以卓然出众的才华,鹤立于同时代的文人中。

屏居青州十年间,赵明诚经常外出寻访古迹,考察和收集古碑石刻。据题名遗迹显示,他多次游览仰天山。仰天山位于青州城西南四十多公里处,山势雄奇,地貌灵异,因罗汉洞之天窗"一窍仰穿,天光下射"而得名。山中翠谷、峭壁、寺院、碑林、幽洞、秀水以及灿若星河的人文古迹,吸引着古往今来的游客。

大观三年(1109)端午,赵明诚与兄长赵思诚、妹夫李擢、姨表弟谢克明同游,两年后的中秋,和傅察等再次登临,宣和三年(1121)夏,同游的有谢克明及两位从兄弟。

位于泰山西北的灵岩寺,建于东晋,兴于北魏,唐宋时最兴盛,与浙江国清寺、湖北玉泉寺、江苏栖霞寺并称天下"四大名刹"。寺院布局宏伟,文物古迹丰富,主要建筑有千佛殿、大雄宝殿、御书阁、墓塔林及唐代李邕书《灵岩寺颂碑》和唐宋以来的碑碣，具有较高的历史价值。赵明诚曾三次登临，在此瞻仰古迹，拓取碑文，收获甚丰。

东岳泰山自古被视为"直通帝座"的天堂，是芸芸众生膜拜、帝王告祭的神山，山体上有大小寺庙、宫、观等古建筑群二十九处，古遗址一百二十多处，有大小碑碣、摩崖石刻两千余处，是赵明诚最向往的古迹圣地，他曾携好友两次登临泰山。

一个文弱书生，为了喜欢的金石事业，攀山越岭，跋山涉水，不畏艰难险阻，意志不可谓不坚定，志向不可谓不远大，行动不可谓不果敢。

在泰山，赵明诚拓取碑文几十种，并对《唐登封纪号文碑》进行实地考据。《唐登封纪号文碑》是记述唐高宗乾封元年正月封禅泰山时的碑文，由唐高宗亲自撰写并书丹，弥足珍贵。

从赵明诚的祖父始，赵家就注重古物奇器及书画碑文收藏，赵明诚更是倾尽全部家私专注于此，收藏更加丰厚。屏居青州期间，赵明诚将这些藏品连同研究、考据成果逐一梳理，编纂成书三十卷：

> 余之致力于斯，可谓勤且久矣。非特区区为玩好之具而已。盖窃以谓《诗》《书》以后，君臣行事之迹，悉载于史。虽是非褒贬，出于秉笔者私意，或失其实，然至于善恶大节，有不可诬，而又传诸既久，理当依据。若岁月地理官爵世次以金石考之，其抵牾十常三四。盖史牒出于后人之手，不能无失，而刻词当时所立，可信不疑。则又考其异同，参以他书，为《金石录》三十卷。

很多古籍文献在历史传承中，由于年代久远，多有失实。而金石、碑刻多为当事人所立，具有很高的可信度。整理考证金石的意义就在于修正和传承历史、文化。

《金石录》记录的金石碑刻从内容和时间上，上自夏商周，下至隋唐五代十国和宋朝，从京师到名山古刹，从国内到异邦，从钟鼎彝器的铭文款识到碑铭墓志等石刻文字，从名卿行状到佛道经文，凡是有文字记录的，应录尽录，毫无遗漏。

全书三十卷，前十卷为目录，著录两千卷，因部分大碑分为两卷或多卷，实际不足两千种，比欧阳修的《集古录》多出一倍之多。和《集古录》随意记录不同，此两千卷学术价值更高，均按时代先后顺序来排列，条分缕析，年代清晰，后二十卷是题跋，成为非常有价值的历史文献。

非常可惜的是，和《集古录》一样，《金石录》中所收录、所题跋的大部分原石及拓本，均已亡佚不传。唐代散佚的最多，凭靠《金石录》得以把一部分内容保存下来。

不敢想象，若是北宋的金石界少了赵明诚的身影，会有多少古物、奇器以及书画碑文将湮灭在历史尘烟里，不见天日，无迹可寻。

诚然，"军功章里有我的一半也有你的一半"，从婚后夫妻俩节衣缩食、典衣置办，到协助丈夫收集、整理、勘校，在文字、版式上提出有价值的建议，李清照做了大量工作，付出了艰辛劳作。

《金石录》成书之后，他们专门腾出屋子放置这些古物。书籍分类编号，并且书橱上都加上锁具。李清照如果偶尔想看哪一本典籍，必须请示丈夫后，才能拿出钥匙开锁取书，看完后再原路返回。

有时看得太投入，吃饭时舍不得放下，汤渍不小心脏了书页，就会受到嗜书如命的丈夫的指责，清照须得擦拭干净，将污损之处重新加以描摹。这让随性的清照感觉颇不舒服，于是遇到自己喜欢的经史子集，索性典当衣服或首饰，另外购置一套作为副本，随意地放在床头、几案或者柜子上，顺手拈来，自如翻阅。

对于丈夫如此的小心谨慎，清照亦表示理解，毕竟这些古籍得之不易，系之半生心血。

对于金石学，赵明诚以修身治学、兼济天下为根本，希望像前辈欧阳修编撰的《集古录》那样，作为经典著作流芳百世，为后世学者提供真实有据的研究资料。所以，他在《金石录前序》中反复声明："思欲广而成书，以传学者。""而余之是书有时而或传也。""辄录而传诸后世好古博雅之士，其必有补焉。"

李清照则是出于一种兴趣，爱屋及乌，受丈夫影响成为爱好，她崇尚一种超离尘世的精神餍足，"相对展玩咀嚼，自谓葛天氏之民也"。在她心目中，幸福从来不是对于物质生活的追求，而是一个人精神层面的愉悦。

不过，大道一统，他们对金石文物的爱和付出是一致的，心无旁骛，不遗余力。

第四节　离怀别苦

丈夫外出不在家的日子，无人一起赌书泼茶、把酒桑麻，清照常常提不起精神做事，感觉无聊很多。好在，乡邻中还有几位年龄相仿，且颇能谈得来的闺中女伴，常来邀请清照和她们一起品茶插花，弹丝弄竹，游玩博戏。

有一次，几个爱好写诗的女伴在一起玩分韵作诗的游戏，她们随意在纸上写几个字，然后挨次抓阄，谁拿到哪个，就依这个字的韵脚作诗。有人抽到"长"字，就有了下面的章句：

> 三月春色长，风暖草浮光。
> 看花游人倦，柳絮飞时忙。

清照拿到一"知"字，她唇角微扬，稍加思索，下笔成诗：

> 学语三十年,缄口不求知。
>
> 谁遣好奇士,相逢说项斯。
>
> ——《分得"知"字》

项斯年轻时没有名气,后因文采好被文学家杨敬之赏识与推荐,在社会上渐然有了名气声望,之后仕途顺畅,登科及第。在这首小诗里,李清照把自己比作项斯,虽然屏居乡里,但得益于恩师晁补之以及丈夫的朋友等"好奇士"的宣扬,自己得以像项斯一样名满天下。

其实,更多的日子里,她并没有让天下人瞩目的心愿,只愿孤寂的人生有他相伴,白首齐眉,鸳鸯比翼。

这天,刚从外面回来不久的丈夫又要出远门,和朋友一起去灵岩寺勘查碑文墨迹。灵岩寺距青州三百多里,山高水远,车马不便,清照格外担心和不舍。但赵明诚却言已和朋友约定,不便再改变行程。清照依依不舍,诗以抒怀:

> 沉水香消人悄悄,楼上朝来寒料峭。
>
> 春生南浦水微波,雪满东山风未扫。
>
> 金樽莫诉连壶倒,卷起重帘留晚照。
>
> 为君欲去更凭栏,人意不如山色好。
>
> ——《木兰花令》

沉水即沉香,乃一种名贵的熏香料,又名沉水香,古代官宦之家常用此香熏染住室。香炉中的沉水香已经燃到尽头,可是房间里的女主人并没有起身再去点燃第二支。

诗句开篇即书一种寂寥的场景,有着索然之味,扣人心弦。与元朝诗人萨都剌以"沉水香消,梨云梦暖,深院绣帘垂"描摹从前的生活多么恬静优雅形成极大反差。

这乍暖还寒的早春时节,也是诗人和丈夫依依惜别的时刻。小楼中寒意料峭,人影寂寥,灯影寂寥。人生最恨是离分。

"南浦"指水的南岸,屈原《九歌》里有"子交手兮东行,送美人兮南浦",江淹《别赋》中歌曰"春草碧色,春水渌波,送君南浦,伤如之何"。和"杨柳""长亭"的意象一样,"南浦"在古诗词中都表示送别的地方、伤心之地。

此时,南浦的江水虽微波潋滟,而遥远的东山上还有着皑皑的积雪。天尚不暖,你为何要着急着出门去呢?

"朝来寒料峭"与"雪满东山"充斥着寒凉之意,这种寒凉正是李清照内心惆怅与伤感的真实映照。

心里纵千般留恋,万般不舍,却还要强颜欢笑,为即将远行的夫君设宴饯行。她端起酒杯,嘱咐一句:"官人远行珍重……"饮罢一杯,再次添酒,竟不知怎么措辞,又该怎样再次挽留?

诗人起身卷起纱帘。窗外晚霞满天,脉脉斜晖为窗外的山川镀上一片温暖的金色,飒然而怡人。凭栏远望的诗人却心事重重,如此美好的山色晚照,竟然留不住一颗执意远行的心,她的心中无奈又感伤。

宋祁《玉楼春》词云:"浮生长恨欢娱少。肯爱千金轻一笑。为君持酒劝斜阳,且向花间留晚照。"意思是说:人生若梦,苦多乐少,不要因为吝惜金钱而放弃这欢娱的时光。且让我举杯奉劝斜阳,请它在花间多留片刻，让我们把酒言欢，不醉不归。

在这里，"卷起重帘留晚照"亦是诗人心声，她多么希望夫君因为这山色晚照能多盘桓几日。

可是，那个太执意的人，还是饮罢三杯上马去了。泪眼中，她目送他的马在风中渐行渐远渐无迹。

李清照写诗填词功底皆深厚，在表达严肃庄重、慷慨悲怆的内容与主题时，她常用诗来表现。在抒发个人生活的小情小趣，表达幽微婉转的心绪时，则以词来阐述。这首《木兰花令》以诗入题，足可以表明此次送别在诗人心中的分量，她的在意、挽留和郑重其事。

俗语讲：士悲秋，女伤春。这漫漫红尘，离愁别恨太多，实让人苦，又让人哭。孤寂落寞的她，好在还有诗词和酒聊以慰藉，万千心事欲寄，一片愁心借酒浇：

萧条庭院，又斜风细雨，重门须闭。宠柳娇花寒食近，种种恼人天气。险韵诗成，扶头酒醒，别是闲滋味。征鸿过尽，万千心事难寄。

楼上几日春寒，帘垂四面，玉阑干慵倚。被冷香消新梦觉，不许愁人不起。清露晨流，新桐初引，多少游春意。日高烟敛，更看今日晴未？

——《念奴娇·春情》

萧条冷落的赵宅大院深深深几许。春风绿了江南岸，这次第，郊外宠柳娇花，草长莺飞，又快到了寒食节气，本是外出游玩的好时节，词人却没有这份心情，更何况外面风斜雨细，冷雨敲窗，几多恼人。

不能出门踏青访春的她，有些许的忧，兼些许的烦，一个人待在房间里写诗，却似在和谁斗气一般，趁着浓浓酒兴，专拣险仄的韵角，不休不止、心无旁骛地写啊写。

写完后，酒醒了，却感到更加无情无趣。窗外，一行大雁冒雨前行，她看了很久，大雁远去，并未给她带来远方的消息。她想托鸿雁带去问候，千言万语竟不知从何说起。

连日里料峭春寒，让困在低垂的帘幕后面的词人越发慵懒，懒得倚栏，甚至懒得走动。可蜷曲在床上，奈何锦被清冷，沉水香消，美梦易醒，好梦难成。

终究不能一直这样吧。她想，春光大好，不能再这样沉沦下去。一定要走出宅院，去看看清晨的滴滴清露，梧桐树上的一片新桐。

是时，风停雨住，太阳升起，烟雨渐消。大概，今天是一个晴好天气吧。

一时间风来云散，一时间又雨罩山头。

寒食这天，风雨潇潇。明水老家仆人来报，父亲李格非染病多日，恐日子无多。清照听后泪雾时间落下来了。她写信将这个消息知会远游的丈夫，然后拜别翁姑（赵母）回家省亲。

虽然清照和弟弟李远在父亲病床前不离左右，细致入微地照顾，端茶喂饭，侍奉父亲服药调治，但半月有余，父亲终究还是不敌病魔，与世长辞。

这世上最疼她的那个男人去了，清照哭倒在母亲王氏怀里，肝肠寸断，泪如雨下。

第五节　婕妤之叹

完美的婚姻并不多见，就像完美的爱情亦有缺憾一样。

> 新裂齐纨素，鲜洁如霜雪。
> 裁为合欢扇，团团似明月。
> 出入君怀袖，动摇微风发。
> 常恐秋节至，凉飙夺炎热。
> 弃捐箧笥中，恩情中道绝。
>
> ——班婕妤《团扇诗》

班婕妤是汉成帝刘骜的妃子。名门之女，少有才学，擅长辞赋、音律，词曲皆佳，集美貌、文采于一身。她入宫之初，深受宠爱，成帝为了与丽人形影不离，特命工匠打造一辆大而漂亮的辇车，邀她同车出进，但遭到班婕妤婉拒，她说："观古图画，圣贤之君，皆有名臣在侧，三代末主，乃有嬖女，今欲同辇，得无近似之乎？"（《汉书·外戚传》）意思是说，贤圣的君主，身边应该时时有贤明的大臣而不是女色。

汉成帝认为言之成理，不再强求。王太后知道后对她非常欣赏，赞其："古有樊姬，今有班婕妤。"樊姬乃史上著名贤后，曾辅佐楚庄王跻身"春秋五霸"，可见评价极高。

因班婕妤才德兼备，汉成帝把她当作良师益友，地位无人可及。班婕妤曾产下一皇子，但不幸夭折，后没有再育。

可惜班婕妤做得了樊姬，汉成帝却做不了楚庄王。赵飞燕姐妹入宫后，成帝声色犬马，受到冷落的班婕妤被飞燕姐妹设计陷害。为求自保，远离是非，班婕妤自请前往长信宫侍奉王太后，汉成帝允其所请。

身居寂寞深宫的班婕妤，除了陪着王太后烧香拜佛，闲弄筝弦之余，涂涂写写，以诗抒怀，这首《团扇诗》是最著名的一首。

团扇用洁白的细绢剪裁而成，天热的时候，团扇和主人形影相随，为主人拂去暑热，送来凉风。秋凉时节，热气散尽，团扇则被弃置箱中。在诗中，班婕妤以"团扇"自况，借团扇遭弃的命运来哀叹自家身世，言自己犹如秋后的团扇，再也得不到汉成帝的怜爱了。自此，"秋凉团扇"成为女子失宠的典故。

中年之后的李清照亦有这样的隐忧和叹息。

小儿子没有子嗣一直是赵家父母的一大心病。赵挺之弥留之际，曾将赵明诚唤至床前，叮嘱他要延续赵家香火，面对着奄奄一息的父亲，赵明诚默默点头应允。因为那时年轻，这事并未太放心上。

屏居青州十年间，眼见着家里金石、字画、碑石、古器皿收藏越来越多，偌大家业后继无人。成婚二十多年，二人没有生育，"不孝有三，无后为大"，赵明诚心里也分外沮丧。于是，在母亲再次劝他纳妾的时候，他也就不再抗拒。

何况，在宋朝时候，文人士大夫蓄姬纳妾，乃至寻花问柳，都是寻常小事，不关乎道德及其他。宋朝皇帝甚至还鼓励大臣们蓄养姬妾。宰相王曾素以节俭著称，宋真宗居然派人为他购买侍妾。

八十高龄的张先，曾在风烛残年迎娶一个十八的姑娘为妾，并大张旗鼓地宴请高朋。宴席上，志得意满的张先即席赋诗："我年八十卿十八，卿是红颜我白发。与卿颠倒本同庚，只隔中间一花甲。"促狭的苏轼随即口占一绝，回诗调侃："十八新娘八十郎，苍苍白发对红妆。鸳鸯被里成双对，一树梨花压海棠。"博得众宾客哄堂大笑。

北宋的地方官初上任时不允许携带家眷，许多官员往往购买姬妾来照顾饮食起居。苏轼曾言"予家有数妾"，红颜知己王朝云就是以妾的身份陪伴苏轼贬谪惠州，两人还生了一个孩子。连人们心目中一向以正义、道德自居的包拯、范仲淹亦未能免俗。

当然也有例外。王安石的妻子吴氏听闻满朝官员都有妾室，就为王安石买来一女子做妾。晚上女子近前伺候，王安石见是一副陌生面孔，惊异地问她是谁，女人战战兢兢地说：是夫人派她来伺候老爷的，她的丈夫为朝廷运送官麦，不幸遇到台风，淹了官船及麦子。丈夫卖尽家产，不足以抵债，只好把她卖了九百缗，以免除牢狱之灾。人好心善的王大人听后非常同情，命人找到女子的丈夫带她回去，九百缗大钱只字未提，夫妇两个千恩万谢，感激不尽。

王安石的政敌司马光同样也拒绝纳妾。司马光与妻子张氏婚后三十年没有生育,张氏心里过意不去,就私下里花钱给丈夫买了一房小妾,不料当晚就被司马光赶走,司马光随后收养本家侄子为养子,并未再娶。

李清照虽然知书达理,但爱情至上的她,能容忍金石、书画分走丈夫的一大部分爱,却难以接受和另一个女子同一屋檐之下。

在古代,大多数人把不能生育怪罪到女子身上,认为不能生育是女子的过错,《周礼》规定,丈夫可以以七条理由休妻:不顺父母、无子、淫、妒、有恶疾、多言、窃盗,谓之"七出"。

对于无子嗣这件事,仅是赵家家眷偶尔的闲言碎语,也足以让清照心里颇不自在,她亦希望丈夫能儿女绕膝,乐享天伦。所以,清照纵心里委屈百般,也只能人前咽泪装欢,默许丈夫纳妾另居。

在清照的诗词里,其委屈和幽怨隐约可见。于是就有了这首《点绛唇》的"倚遍阑干","望断归来路",不见"人何处"的无情无绪:

寂寞深闺,柔肠一寸愁千缕。惜春春去,几点催花雨。

倚遍阑干,只是无情绪。人何处?连天芳树,望断归来路。

——《点绛唇》

赵明诚收到家书后心生不忍,回到归来堂和结发妻子团聚。谁知,在第二天竟又早早离去,所以便有了这一阕"欲说还休""新来瘦""终日凝眸"、又添新愁的离怀别苦:

> 香冷金猊,被翻红浪,起来慵自梳头。任宝奁尘满,日上帘钩。生怕离怀别苦,多少事、欲说还休。新来瘦,非干病酒,不是悲秋。
>
> 休休!这回去也,千万遍阳关,也则难留。念武陵人远,烟锁秦楼。惟有楼前流水,应念我、终日凝眸。凝眸处,从今又添,一段新愁。
>
> ——《凤凰台上忆吹箫》

词人早上起床,金炉里熏香冷透,床帐内锦被乱陈,头上发髻凌乱,好一番不堪,她却不管不顾,无心收拾打理。任凭梳妆匣上布满浮尘,任凭早晨的阳光照上帘钩。

丈夫又要出门去了,自己有很多话想向他倾诉,想要苦苦挽留,可刚要启唇又不知如何开口。她看到镜中的自己,容颜憔悴,如不胜衣。她明白,这憔悴消瘦,不是因为秋天,不是因为饮酒,都是由于心思郁闷的缘故。

她想,罢了罢了,纵然唱千遍阳关,也难留住一颗铁定要去的心。就让他远走高飞,她尚留在原地等候。

令人叹息的是,只有门前流水,顾念她终日凝眸望远,岁岁盼归。从今以后,又平添一段新愁。

"念武陵人远,烟锁秦楼",这里的"武陵人"用的是刘义庆《幽明录》中的一个故事:刘晨和阮肇两人到山上采药,结果迷失了方向,后遇到两位姿态曼妙的仙女。两人遂与仙女结为连理,共同生活半年后下山,没想到世间已过百年。

清照以此典故，担忧赵明诚会如同刘晨、阮肇一样，和小妾厮守一去不返。

秦楼是指秦穆公为女儿弄玉所建造的凤台。萧史善于吹箫，秦穆公之女弄玉倾慕其才而自愿下嫁，穆公建造凤台，供这对小夫妻居住、游玩。十年后的一天，萧史和弄玉在凤台吹箫，箫声引来凤凰，二人便乘着凤凰成仙而去。凤台也即凤凰台，这个典故也是词牌名《凤凰台上忆吹箫》的由来。词人可谓用心良苦，屏居青州十年，二人如同萧史、弄玉比翼双飞。可如今，归来堂只留下清照孤孤单单一个人。

痴情的女词人，爱总是多一点，念总是又多一层。不承想，一不小心，让后人听出了婕妤之叹。

卷五　东莱寻夫，人老建康城

第一节　东莱寻夫

按照宋朝丁忧制度,赵家子弟在青州守孝二十七个月即可重新任职。守制期满后,赵母秦国夫人多次上奏宋徽宗,请求让三个儿子复职回京。

政和元年(1111),赵家终于等来了好消息。长子赵存诚由秘书少监差往醴泉观祭祀昊天上帝。第二年,次子赵思诚也入京复职,官至中书舍人。赵母也随同两个儿子回到京师。而这时候的赵明诚,正埋头撰写《金石录》,并没有出仕的强烈愿望。

政和七年(1117)九月,《金石录》初步成稿。赵明诚不仅自己写了前序,还邀请北宋隐居高人刘跂为之作序。刘跂是北宋名臣刘挚之子,进士出身,饱读诗书,晚年曾隐居在东平县,人罕识其面。

刘跂在序中对这本专注大加激赏:"东武赵明诚德父家,多前代金石刻,仿欧阳公《集古》所论,以考书传、诸家同异,订其得失,著《金石录》若干卷,别白抵捂,实事求是,其言斤斤,甚可观也。""今德父之藏既甚富,又选择多善,而探讨去取,雅有思致,其书诚有补于学者。"刘跂能出山为《金石录》作序,可见与赵明诚的惺惺相惜,以及对《金石录》的特别推重。

《金石录》成稿后,赵明诚心中的这块巨石得以沉稳落地。他看到两位兄长在仕途上如鱼得水,心里亦有所动。诚然,对于古代大多数读书人而言,学而优则仕,"朝为田舍郎,暮登天子堂"乃其最大梦想。另外,急需一份薪金俸禄补贴家用,也是当下最现实的问题。

宣和三年(1121)春,朝廷诏令赵明诚出仕莱州,赵明诚带着小妾赴任,李清照暂时留在青州。于是,偌大的青州宅第,空荡荡的归来堂,就剩下清照和几位看家护院的仆从。

莱州属胶东丘陵,下辖掖县、莱阳、胶水、即墨四县,治掖县。玄宗天宝元年,莱州改为东莱郡。肃宗乾元元年又改为莱州,北宋沿之。

八月中秋前夕,赵明诚已上任半年有余,各方面安置妥当后,念及清照独自在家太过寂寥,就派手下人赴青州,赶在中秋节前将清照接至东莱,夫妻团聚。

青州虽有深宅大院,金石宝物,有十四年间来往密切的好友亲朋,但清照想念丈夫心切,欣然前往。她按照丈夫吩咐,将藏室、门户全部封存上锁,叮嘱家人严加看管,和青州的好友们依依道别后,就乘着丈夫派来的车马,马不停蹄,奔向莱州。

夜晚,投宿在昌乐县城驿馆的她,孤枕难眠,以一首《蝶恋花》赠予青州常在一起品茶插花、诗酒唱和的姐妹们:

泪湿罗衣脂粉满。四叠阳关，唱到千千遍。人道山长山又断，萧萧微雨闻孤馆。

惜别伤离方寸乱。忘了临行，酒盏深和浅。好把音书凭过雁，东莱不似蓬莱远。

——《蝶恋花·晚止昌乐馆寄姊妹》

"阳关"指唐王维的《渭城曲》，也叫《送元二使安西》："渭城朝雨浥轻尘，客舍青青柳色新。劝君更尽一杯酒，西出阳关无故人。"时人特别喜欢，将这首诗谱成曲，称《阳关三叠》，"阳关"遂成为送别的代言词。

后曲谱失传，苏轼曾就《阳关三叠》发表自己的观点："余在密州，文勋长官以事至密，自云得古本《阳关》，每句皆再唱，而第一句不叠。乃知古本三叠盖如此。"李清照则认为第一句也应该重复唱，故称四叠。

在词中，清照无限伤感地回忆姐妹们为她饯行的不舍场面：

惜别的泪水浥湿了脸颊，打湿了罗衫，相处之时有多么欢喜，离别之际就有多么留恋。众位姐妹把《阳关曲》唱了一遍又一遍，一声声说着不舍，一句句念及珍重，可纵是千言万语，也道不尽彼此间的离情别意。

今夜，遥望着山高水长的青州故里，回想着姐妹们的叮咛嘱托，往来的深情蜜意，身处异乡驿馆里的清照，在萧瑟秋雨声中，不禁感到无限凄凉。

道别之时，心绪如麻，竟不知姐妹们的饯行酒是如何一杯又一杯喝下去的。她借着诗词表达心愿：无论酒深酒浅，都是姐妹间的情谊。情比金坚,相离莫相忘,且行且相忆。她告慰姐妹们:要常托鸿雁寄来音信,毕竟,东莱不似蓬莱仙岛那般遥远,音书难寄。

一路舟车,八月十日,清照风尘仆仆抵达莱州。本以为小别胜新婚,可事实并非如此。或许丈夫公务繁忙,应酬太多,无暇顾及她。或许因别的缘由,他宿在小妾处,身处官邸的清照孤影独对。

夜凉如水,清照的心思,比秋水还要凉三分。因路途遥远,清照并未随身携带太多的书籍。看到案几上有一本《礼韵》,就信手翻阅,来打发寂寥的时光。她随手翻到"子"字部,联想所见种种,心有所触,遂作《感怀》一首。

需要郑重提一笔的是,这首《感怀》诗,诗人另附自序,文字简明,却将作诗的由头交代得明明白白,好像记录心情日记一般,字里行间,其低落、不满的心绪展露无遗:

"宣和辛丑八月十日到莱,独坐一室,平生所见,皆不在目前。几上有《礼韵》,因信手开之,约以所开为韵作诗,偶得'子'字,因以为韵,作感怀诗云。"

寒窗败几无书史,公路可怜合至此。
青州从事孔方兄,终日纷纷喜生事。
作诗谢绝聊闭门,燕寝凝香有佳思。
静中吾乃得至交,乌有先生子虚子。

——《感怀》

"公路"乃东汉诸侯袁术的字,袁术兵败后,被困在偏僻之地江亭，穷途末路，饥渴难忍，他问厨子有多少军粮，厨师答尚有麦屑三十斛；酷暑炎炎，他想喝蜂蜜水，附近却找不到蜂蜜。袁术坐在榻床上沮丧叹气，少顷，惨叫一声："袁术怎么到了这种地步！"遂吐血身亡。清照以此典故，调侃赵明诚的官邸寒窗败几、空无所有。

"青州从事"指好酒。成语出自刘义庆《世说新语·术解》："桓公有主簿善别酒，有酒辄令先尝，好者谓'青州从事'，恶者谓'平原督邮'。青州有齐郡，平原有鬲县。从事，言到脐；督邮，言在鬲上住。"说的是东晋权臣桓温手下有一个善于品酒的主簿，他戏称好酒为"青州从事"，因为青州治下有齐郡，齐与脐谐音，好酒的酒力会直达脐部，满腹热呵。而次酒则叫作"平原督邮"，平原郡治下有个鬲县，鬲与膈谐音。言之次酒的酒力，只能抵达胸腔之间，和好酒相比，总是差那么一大截。

不能不说，文人谐趣，格调可谓技高一筹。

"孔方兄"指钱币。古铜钱外圆内方，西晋文学家鲁褒在《钱神论》中戏称："亲之如兄，字曰孔方。""燕寝"，指地方官员的住所。"乌有先生"和"子虚子"均是西汉司马相如《子虚赋》中的虚构人物，即本来就没有这个人。

丈夫的官邸内不仅窗户破残，桌椅陈旧，陈设简陋，案几上连一本像样的经史子集都没有，像是兵败时的袁术，一无所有。她觉得，与其每天奔波于官场吃喝应酬，追逐名利钱财，不如在官邸里闭门谢客，安静地读书写诗，与想象中的知己高人吟风咏月，倾心交流。

闭门谢客，凝香佳思，佳句偶得，与知己高谈阔论，清照将情操、品格、情趣融于诗中,写出了自己向往的生活。

其实,初入仕宦的赵明诚,并没有泯灭初心,其风雅素心不曾消减。只不过生活上的追求没有青州时纯粹,崇尚精神生活至上的清照"眼高一世",要求有点高而已。

清照在莱州安置停当之后,将莱州的书房命名为"静治堂",闲暇之余,夫妻俩双双静坐"静治堂",孜孜不倦地投身到金石碑刻的整理之中。

在清照的协助下,赵明诚对《金石录》书稿重新进行细致的整理校勘,对收存的拓片考订题跋,并不断地增补新的内容。

为了防止蠹虫蛀书和古籍书画的纸张损坏,清照将书页、字画内放入防蠹虫的芸草,并将每卷书稿束上淡青色的缥带,防止搬运时散佚。芸草有淡淡的清香,再加上淡青色的缥带,皇皇三十卷书稿陈列在书案上,分外清新雅致,让夫妇俩特别有成就感。

大作已成,赵明诚的研究之路并没有因此止步,《金石录》的内容还在不时地补充和更新。

宣和五年(1123),临淄一位农夫在耕地的时候,发现齐国故城古器物数十种,主要为古钟,赵明诚将此补录在《金石录》中,并题写了跋。

公务之余,赵明诚也常常游走在莱州周边,登山览古,搜集古代碑碣石刻。北魏时期,莱州也叫光州,书法家及诗人郑道昭曾为光州和青州刺史。素有"北方书圣"之称的郑道昭"博学明俊""好为诗赋",极喜欢刻石写字,在掖县的云峰山和大基山,平度县的天柱山,青州市的玲珑山上,刻写的摩崖石刻有数十种之多,其中最珍贵的是《郑文公碑》,又名《郑羲碑》。《郑文公碑》分上下二碑,上碑在天柱山，下碑在云峰山，均为摩崖石刻，两块碑文均是记述郑道昭父亲郑羲之生平功德，内容相似，云峰山的碑文更为清晰。其笔力矫健，浑厚强劲，天趣自在，又随意生发，是不可多得的书法珍品。为了取得拓片，赵明诚曾数次登临天柱山、云峰山，遍访郑道昭所刻数十碑，所获甚丰。

据赵明诚多方考证，此碑文多谀辞，且有失实。史上记载，郑羲是北魏孝文帝的岳丈，"文学为优"，因在任时贪污受贿严重，故孝文帝赐之谥号"郑文灵公"。《谥法解》曰"博闻多见曰文，不勤成名曰灵"，可见这个谥号褒贬参半，虽肯定了他的文学水平，但对其做官修为方面进行了批判，算是恶谥。所以，在父亲去世二十年后，郑道昭将石碑刻在山东诸崖，而不是荥阳先考的墓前，并刻意避开"灵"字，意在隐恶扬善，为父亲正名。

对于这两块碑刻，赵明诚第一个提出质疑，并在《金石录》上做以记录："今碑首题曰'荥阳郑文公之碑'，其末又云'加谥曰文'。《传》载赐谥诏书甚详，不应差误，而碑当时所立，必不敢讳其一字。皆莫可知也。"可见，赵明诚在金石的记录、整理、编撰上一丝不苟、实事求是的治学态度。

赵明诚对金石研究坚持不懈、嗜之成癖的精神获得很多同道中人的赞赏，他们在不同程度上给予了很多帮助，有的提供线索，有的陪同考察，一位名叫刘绎如的官吏，竟将家里收藏的四百多件汉代石刻拓片无偿捐赠给了他们，令夫妇俩非常感动。

莱州任期三年后，赵明诚于宣和六年（1124）秋调任到缁州任太守。

缁州在齐州与青州之间，管辖淄川、长川、邹平、高苑四县，是春秋时期齐国的都城临淄所在地。《战国策》记载:"临淄甚富而实,其民无不吹竽、鼓瑟、弹琴、斗鸡。"清照的父亲李格非过临淄曾有怀古之作:"击鼓吹竽一百年,临淄城阙尚依然。如今只有耕耘者,曾得当时九府钱。""曾得当时九府钱"说的是老百姓曾拾到当年的钱币。足见当地民众富庶,有很多珍贵文物。

赵明诚初到缁州,就遭遇兵变,一队士兵从军队中逃逸,到处抢掠,滋扰百姓。赵明诚派兵镇压,大功告成,受到朝廷晋官、记功等嘉奖,清照与有荣焉。

在缁州,让赵明诚和李清照最振奋的是看到了唐朝大诗人白居易的《楞严经》手书真迹。

> 淄川邢氏之村,丘地平弥,水林晶清,墙麓硗确布错,疑有隐君子居焉。问之,兹一村皆邢姓,而邢君有嘉,故潭长,好礼,遂造其庐,院中繁花正放。主人出接,不厌余为兹州守,而重余有素心之馨也。夏首后相经过,遂出乐天所书《楞严经》相示。因上马疾驱归,与细君共赏。时已二鼓下矣,酒渴甚,烹小龙团,相对展玩,狂喜不支。两见烛跋,犹不欲寐,便下笔为之记。

赵明诚在《楞严经》的题跋中写道:他从淄川邢家村隐士邢有嘉那里拿到白居易《楞严经》后,遂快马加鞭地赶回州衙,邀妻子李清照共赏。两人又是喝酒,又是烹小龙团茶,相对展玩,狂喜不已。一直到深夜,两支蜡烛续完,仍然兴致不减,不想上床休息。

同声相应,同气相求。莫逆于心的两个人,烹茶煮酒,守着稀罕的物件儿，聊着喜欢的话题，谁说这不是快意人生？岁月静好不过如此。

虽然丈夫纳妾使清照心有芥蒂，但共同的嗜好又让他们重修于好。

第二节　母丧南下

赵明诚和李清照尚在缁州琴棋书画、岁月静好之时，中原大地已烽火连天，大宋的江山朝不保夕。

宣和七年（1125），金军灭辽之后，又觊觎大宋这块肥肉，遂野心勃勃地兵分东西两路南下攻打宋朝。东路进攻燕京，西路直扑太原。大宋朝廷不识干戈久矣，怎敌金兵虎狼之师，燕京很快失守。金军深入中原腹地，如入无人之境，跨越黄河，直击汴京。昏聩无能的宋徽宗顿时乱了阵脚。他不去考虑怎样派遣军队设防御敌，而是急着撂挑子，仓促地将皇位传给太子赵恒，自己则带着蔡京、童贯、高俅等亲信逃亡镇江，远离是非之地。临危登基的赵恒即宋钦宗。

靖康元年（1126）正月，金军朝东路兵临汴京城下，飞扬跋扈地向北宋朝廷提出索要黄金五百万两、白银五千万两、牛马万匹、绸缎百万匹，割让中山、河间、太原三镇等议和条件，被吓得昏头昏脑的宋钦宗仓皇答应，金军撤兵北返。

待金军撤退后，宋钦宗才猛然惊觉，国力有限，金朝提出的议和条件朝廷根本支付不起，宋钦宗随之反悔。八月，金兵的铁骑以宋王朝出尔反尔为名，卷土重来，三个月后，汴京沦陷。四百年的东京梦华成为云烟，无数的金银玉帛、珍宝古玩等被金军掳掠一空。宋钦宗和从镇江撤回的太上皇宋徽宗，以及汴京城内的赵氏皇族，皇宫内的后宫妃嫔与亲王、朝臣、百工、医卜等数万人被俘，押送金国，这就是让华夏民族千秋万代为之痛惜、不耻和无法释怀的"靖康之变"，北宋随之灭亡。

国破家亡，贵为天子的徽、钦二帝，在偏僻的五国城，屈辱地度过余生。

由于缁州地域偏远，不是军事重地，亦不是金军南下的交通要塞，侥幸未受战火侵扰。但国家硝烟弥漫，小家焉能康宁安稳。清照和赵明诚为国家命运忧虑，更为他们数年来沥尽心血的金石收藏而担忧不止。

船破又遇逆头风，1127年三月，赵母秦国夫人郭氏在江宁府（今江苏南京）病故，按照宋朝礼制，赵明诚须到江宁守孝丁忧。于是，他向幕僚移交公务后，欲奔赴江宁为母亲操办后事。

是夜，夫妻俩望着缁州堂内满箱满箧的古玩器物，"四顾茫然，盈箱溢箧，且恋恋，且怅怅，知其必不为己物矣"。既恋恋不舍，又惆怅不已。他们心里明白，乱世飘摇，这些东西未来必将不属于自己，不知它们会流散于何人何处，心里格外茫然。

思忖再三，赵明诚决定将这些珍贵的藏品运送至江宁。可这么多器物古本,不可能全部带走,他们不得不进行取舍:重复的书籍印本舍之,重复的画作舍之,落款没有标志或无法识别的舍之。然后又继续淘汰:国子监印制的书籍不带,这些书籍以后还可以得到;艺术价值不高的书画舍之;体积大、沉重的器物舍之。经过三番五轮的筛选、淘汰,还是挑选出满满十五车文物书画。

因怕战火殃及青州,夫妻俩只能分开行动。赵明诚押运着在缁州收获的满满十五车的古玩文物,先用车至古东海,然后雇船转运河,过长江,到江宁奔丧,清照则到青州整理归来堂的金石藏品,待安稳后向江宁转移。夫妻二人互道珍重,依依作别。

金撤军后,立张邦昌为伪楚皇帝。张邦昌不敢即位。1127年五月初一,拥兵在外的宋徽宗的第九个儿子,康王赵构于应天府(今河南商丘)重建宋朝,改元建炎,是为宋高宗,后迁都临安(今浙江杭州),史称南宋。

这个时期,地方上不安定因素增多,很多地方爆发了兵变和农民起义。

在赵明诚赶往江宁的途中,江宁发生了叛乱。江宁的太守宇文粹中仗着蔡京外甥女婿的身份,桀骜不羁,目无法度,对待手下甚为苛刻粗暴。手下周德对他积怨极深,串通兵士群起暴动。建炎元年(1127)四月,暴动兵士将宇文粹中囚禁,控制州府,杀死通判及州府十余名官员,占据江宁城。不过很快就被驻军平复。

赵明诚到江宁不久,就被朝廷夺情,知江宁府兼江东经制副使,以素服办公,不参加吉礼。彼时,南宋王朝官员有的被俘,有的战死,有的逃亡,有的滞留在北方敌占区,人心惶惶,居无宁日。赵明诚恰好在江宁,可以收拾宇文粹中的烂摊子。至于丁忧守孝,国难当头，就顾不得许多了。

赵明诚躲过一劫，又临危受命，升官就职。李清照就没这么幸运了。

因宋高宗赵构即位后，严惩张邦昌等为金效力的官员。是年七月，金朝借张邦昌被杀之故，再次大举南下，宋高宗赵构仓皇逃至扬州。

国家动乱，民不聊生。李清照自知青州难保，当务之急是将这些珍贵藏品转运到江宁和丈夫会合。"青州故第，尚锁书册什物，用屋十余间，期明年春再具舟载之。"（《金石录后序》）归来堂内，清照独自一人按照名册逐一细致清点、装箱、打包。

十二月，临朐士兵赵晟聚众为乱，青州太守曾孝序派大将王定带领士兵前去镇压，却兵败而归。曾孝序拒绝王定及其部下入城，要求他们重整旗鼓，戴罪立功。岂知王定并没有破釜沉舟的勇气，而是煽动手下败兵谋反，趁着夜黑风高之时攻入城中，烧杀抢掠，曾孝序惨遭杀害，享年七十九岁。郡守被害，青州陷入混乱之中。金军乘虚而入，青州城内狼烟四起。

城门失火殃及池鱼，覆巢之下无完卵。赵家府邸没有躲过此劫。金军放了一把大火，火势随风蔓延，归来堂和易安居室内青烟弥漫，家人扑救不及，清照不顾危险，才抢出几幅珍稀书画，其中包括丈夫最爱的那幅《赵氏神妙帖》。

大火之后，清照带着残存的字画以及部分残余碑刻器物，赶往江宁。

此一别，山岳苍苍，云水茫茫，夫妻俩再也没有回到青州故第，这个承载他们十余年浪漫幸福生活的地方。

鉴于行走陆路太不安全，李清照依旧选择走水路。她从潍州、莱州入海，然后进入淮河，一路向南，一路舟车，经扬州，渡长江。

迫于危急形势，清照心急如焚，奈何车船缓慢，风浪颠簸，李清照行李又多又重，来回搬运，备受磨折。

即便慢，就这样安稳走下去也好。岂料，船过镇江的时候，清照雇用的船只又遭到强盗抢劫，清照随身携带金石、字画被洗劫一空，只有贴身收存的《赵氏神妙帖》免遭一难。李清照欲哭无泪。

建炎二年（1128）的早春时节，历尽千难万苦，风尘仆仆、憔悴不堪的清照终于抵达江宁。

"山河破碎风飘絮，身世浮沉雨打萍。"夫妻俩久别重逢，恍如隔世。清照顾不得旅途劳累，将故里涂炭以及途中险境告知丈夫，得知青州收藏毁之一炬，赵明诚心里酸楚无比。手捧着清照舍生相护的《赵氏神妙帖》，他对妻子更是心疼和感激。

不久，一个月明星稀之夜，夫妻俩再次拿出《赵氏神妙帖》相对展玩。回忆此帖种种遭际，不胜唏嘘，赵明诚提笔为这本由北宋名臣、著名书法家蔡襄亲笔书写、多个名家题跋的名帖写下跋语：

> 此帖章氏子售之京师，予以二百千得之。去年秋，西兵之变，予家所资，荡无遗余，老妻独携此而逃。未几，江外之盗再掠镇江，此帖独存。信其神工妙翰，有物护持也。建炎二年三月十日。

"老妻独携此而逃"，一声"老妻"，称呼得亲切、敬重，饱含着"相濡以沫、相依为命"的夫妻情分,饱含着熟稔得不分彼此的亲昵,饱含着左手牵右手的患难相依。

第三节　江宁避难

"江南好，风景旧曾谙。日出江花红胜火，春来江水绿如蓝，能不忆江南？"白居易这首《忆江南》以生花妙笔写出了江南春江水绿、江花如火的动人景致，令人无限回味和向往。江南素以气候宜人、风景秀美、繁华富庶而著称，重重似画，曲曲如屏，自古以来，江南都是文人雅士的最爱，清照亦不例外。

此时的江南，正值初春时节，伫立在江楼之上的清照凭栏凝望，只见江边一树树娇艳的梅花凌雪而开，柔弱的花瓣点缀在冰玉般洁白透亮的梅枝间，玉洁冰清，傲然挺立，让清照眼眸炯炯，惊喜连连，禁不住口占一绝，舌灿莲花：

玉瘦香浓，檀深雪散。今年恨、探梅又晚。江楼楚馆，云间水远。清昼永、凭栏翠帘低卷。

坐上客来，尊前酒满。歌声共、水流云断。南枝可插，更须频剪。莫直待、西楼数声羌管。

——《殢人娇》

清照一向对梅花青睐有加,在她现存的四十多首诗词中,吟咏梅花的诗词就有九首之多。作为一名资深的"探梅人",她的每一首咏梅诗都能匠心独运,以女性特有的细腻敏锐将自己的人生和情感寄寓于梅花,于字里行间予梅以鲜活的生命力。

古人赏梅追求"四贵":所谓贵曲不贵直,贵疏不贵密,贵瘦不贵肥,贵合而不贵开。清照以清瘦飘逸的白梅入题,就有了赏心悦目之感。词人对今年探梅来晚表示惋惜,可毕竟有梅花同在,凭栏望远,和朋友开怀畅饮、纵歌抒怀,沉醉在阵阵梅香里,何尝不是一种难得的享受。

殢的意思是滞留、纠缠、困于。殢人指身处困境之人,梅花在清寒季节开放,二者有着同样的身世际遇。所以这首词似在咏梅,亦是自况。词人借物抒情,感伤光阴飞逝,容颜易老,花开有时,聚散有时,所以人生得意须尽欢,花开堪折直须折,不要等到花谢花飞、曲终人散。"莫直待、西楼数声羌管"意在言外,耐人寻味。

诚然,劫后余生,有什么理由不珍惜当下?

日子总要过的,与其长吁短叹,不如以平常心过好每一天。现代人是这样说的,彼时的赵明诚和李清照也是这样想、这样做的,尽力过好每一天,过好每一节。

归鸿声断残云碧,背窗雪落炉烟直。烛底凤钗明,钗头人胜轻。

> 角声催晓漏,曙色回牛斗。春意看花难,西风留旧寒。
>
> ——《菩萨蛮》

这是清照南渡后,在异乡度过的第一个"人日节"。在中国古代民间传说中,农历正月初七是人类的生日,被称为"人日节",又称人胜节、人庆节等。

《占书》中记载:女娲初创世,正月一日为鸡,二日为狗,三日为猪,四日为羊,五日为牛,六日为马,七日为人,八日为谷。到了第七天,才创造了人,即为"人日",预示着人类的起源。

在江南一带,正月初七这天,人们将七种菜蔬放在锅里煮成羹汤来喝,以求祛病避邪。女子则用五彩丝帛或金箔镂刻成人的模样,贴在屏风上或插在发簪间,称为"人胜",讨以吉利之说。

生逢乱世,清照每一个节日都不愿慢怠。对待生活,她有着虔诚的热爱和强烈的向往,她诚挚地祈福她的家乃至国,皆能吉星高照,诸事和顺。所以,这首《菩萨蛮》字里行间涌动的都是悲悯的韵味。

建炎二年(1128)正月初七,正值新年伊始,客居江宁的她,瞭望归鸿思恋故土,由长空碧云生发乡愁,每日里忧思重重,彻夜无眠。黑夜遁去,晓色初开,在一片寒瑟里,词人联想到国事、家事,心情沉重,难以述怀。

"国破山河在,城春草木深。感时花溅泪,恨别鸟惊心。"南宋王朝偏安一隅,歌舞升平。但中原腹地依然烽火四起,国无宁日,乱世飘蓬,怎不让人忧心忡忡,满腹凄凉。好在有诗,还可以一浇心头块垒。

宋朝周辉在笔记杂史《清波杂志》曾记载这样的逸事趣谈："倾见易安族人言，明诚在建康日，易安每值天大雪，即顶笠披蓑，循城远览以寻诗。得句必邀其夫赓和，明诚每苦之也。"

说的是每逢天降大雪，李清照就邀丈夫一起披蓑顶笠，到江宁城外寻古探幽。李清照诗情勃发，每得佳句，必邀丈夫相和。赵明诚绞尽脑汁，写废了一张又一张，还是苦于跟不上李清照的节奏。

看来，有个才女媳妇亦是一种甜蜜的负担。

国难当头，赵李两人更加看重亲情往来，和同在异乡的亲戚族人互为提携和照应，患难与共。

上巳节是汉民族由来已久的民俗节日。阳春三月的江南，草长莺飞，春暖花开，脱去冬装的人们心情愉快地走出家门，聚集水畔，以流水洗濯身体，祓除不祥。《论语》中"莫春者，春服既成，冠者五六人，童子六七人，浴乎沂，风乎舞雩，咏而归"写的就是上巳节祓禊的情形。暮春三月，换上舒服的春装，约上五六个成人，再叫上六七个少年，一起在沂水里洗个澡，然后在舞雩台上吹吹风，一路唱着歌回家去。这样简单、富有生活情趣的快乐，自然让世人称道附和。后来，祈福免灾与欢庆娱乐融为一体，逐渐演变成为上巳节的习俗。

东晋永和九年的上巳节，王羲之、谢安、孙绰等四十一位文人骚客，团团围坐在会稽山阴的兰亭两岸，"有崇山峻岭，茂林修竹，又有清流激湍，映带左右"，美景怡人爽心，娱乐仪式高雅。他们在溪中放置一片荷叶，将特制的盛酒之觞放在荷叶上，让荷叶载着酒觞顺着清溪九弯十八折徐徐而下，荷叶如若在谁的面前打转或者停留，谁则即兴赋诗一首并取觞饮酒。众人诗酒唱酬，极尽风雅，这就是曲水流觞的由来。

兰亭雅集,被王羲之书成经典,千年垂范,后世文人墨客常袭古风之尚,竞相效仿。于是,上巳节聚会喝酒通行既久,发展成为名士文人诗酒相娱的风雅之事。

由于中原地区战事频仍,南宋王朝偏安江南一隅,北方豪门望族及文人士大夫大量向南方迁移,史称衣冠南渡。在此大环境之下,清照和丈夫赵明诚的亲戚们也大多来到江宁避难。除赵明诚的大哥赵存诚被朝廷派往广州赴任之外,任泉州太守的赵思诚、任礼部尚书的妹婿李擢、任工部尚书的姨表兄谢克明、清照的幼弟李迒,都在江宁附近定居。清照顺利安抵江宁,众亲戚自然为他们夫妻团聚而高兴。

在三月上巳节这天,赵明诚在江宁府邸设家宴招待众位亲友族人。虽没有游心翰墨,作流觞曲水之举,但众位亲友热热闹闹相聚一起,吃个饭,聊个天,互相倾吐倾吐这些年各自的艰难不易,交流交流对时局的观点看法,惺惺相惜,不失为一种慰藉:

永夜恹恹欢意少。空梦长安,认取长安道。为报今年春色好,花光月影宜相照。

随意杯盘虽草草。酒美梅酸,恰称人怀抱。醉莫插花花莫笑,可怜春似人将老。

——《蝶恋花·上巳召亲族》

在这个春天的节日里,家宴上虽没有珍馐美味,亦是可口的饭菜,另佐以一觞酱香郁郁的美酒,难得团圆的亲友们本该欢乐祥和地推杯换盏，笑语欢声，才不负眼前的花光月影，春和景明，可在座的宾朋各自都有些心事重重，无论如何也欢喜不起来。

话题不由自主地转移到京都。他们不约而同地谈论起昔日宫阙城池的豪奢，大相国寺人来车往的繁荣，御街的彩楼花灯，大街小巷的人流、车马。然后，又不约而同地沉默。那些美好的往事，被毁于战火，湮灭在金国的铁蹄之下。

江河日下，人事已非，京师，纵梦牵魂萦，却是回不去的故土家园。

诚然，亲朋雅集、其乐融融无疑是一种美好；春风拂岸、柳绿花红亦是一种美好。不过，不是因为这些事物让身处其中的人们感到美好，而是心无挂碍才让人愉悦轻松且心生美好。

这一刻，连沉默都让人心情沉重。才知道，强颜欢笑是太过难为的表情。

于是，词人试图打破沉寂，想起昔日那句"买得一枝春欲放"，乘着酒意，随意地将一枝春花斜插在鬓角。插花是宋人习惯。欧阳修《洛阳牡丹记》记载当时的西京："洛阳之俗，大抵好花。春时，城中无贵贱，皆插花。虽负担者亦然。"阳春时节，在西京洛阳的街头，人人插花，做苦力的也是如此。无所谓好赖贵贱，看见什么花插什么花，什么花应时插什么花。

词人一边插花一边自嘲老而将至，"如此春来春又去，白了人头"。人和花一样，会枯萎衰败，憔悴于岁月的枝头。是的，将要远去的不仅仅是眼前的春天，还有富足安泰的故国从前。

宴饮结束，众位亲朋寒暄后施礼告辞。姨表兄谢克家之子谢伋为赵明诚带来唐朝大画家阎立本的《萧翼赚兰亭图》，让赵李二人鉴赏。

　　王羲之去世后，《兰亭序》由王家后世子弟继承收藏，后传给七世孙智永和尚，智永圆寂后，将其交与弟子辩才。酷爱书法的唐太宗对此墨迹梦寐以求，特地差遣脑瓜灵活的御史萧翼前去接近辩才，设计将此珍本骗取到手。拿到珍本后，唐太宗如获至宝。阎立本根据这个故事创作了《萧翼赚兰亭图》。画上有萧翼、辩才及二仆四人，一个扬扬得意，一个张口结舌、失魂落魄，二仆则小心翼翼地在一旁备茶，人物形象刻画入微。

　　这件珍品赵明诚早有耳闻，心仪已久，今夕得见，分外惊喜。送走客人，夫妻二人烹茶煮酒，将《萧翼赚兰亭图》摊开在案几上一饱眼福。

　　是时，夫妻二人沉浸在古画里，相对展玩。红烛摇曳，茶汤飘香，恍惚间，二人仿佛回到青州故里，置身归来堂里赌书泼茶、共赴金石的温馨岁月。

第四节　故乡何处

词人之不幸乃词之大幸也，大抵如此。客居江宁的清照，得益于生活环境和心境的历练，写出了篇幅不少去国怀乡的诗篇。

酒入愁肠，化作思乡泪。国土沦丧之悲愤，离乡背井之伤痛，时时郁结于怀，酒是由头，有且只有借着这一壶辛辣、烈焰，才能足够痛快地将满腹伤心、愁闷一股脑儿倾吐出来：

夜来沉醉卸妆迟，梅萼插残枝。酒醒熏破春睡，梦远不成归。
人悄悄，月依依，翠帘垂。更挼残蕊，更捻馀香，更得些时。

——《诉衷情》

又是一个酩酊大醉、来不及卸妆就和衣而睡的夜晚。词人是在一阵清芬的香气中醒来的,才发觉,原来昨晚插在发髻上的梅花未摘下,花萼都碎成一瓣一瓣的了。

词人该有多么喜欢梅花呢?趁着梅花季每天都要插花在鬓?

无疑,这是词人的一处心结,梅花在鬓,闻香入睡,才能在熟悉的感觉中,梦回北方,梦回故园。

唉,真是一个好梦呀,梦中车马奔腾,已经抵达青州故城了。这恼人的花香呀,让她醒的真不是时候,几步之遥,她就要叩开归来堂的大门了。可是,希望又成泡影。

什么时候,自己也能像太白诗仙那样,回到故土,"两岸猿声啼不住,轻舟已过万重山"呢?

不是她每天要让自己这样醉倒的。丈夫忙于公事去了,夜那么清凉,月影移动得迟迟缓缓,银色的光芒映照在长长垂下的翠色纱帘之上,明晃晃的一片椭圆。百无聊赖的她凝望着那方圆,随手翻几页书,然后取一枝案几上的插花,指尖随意捻揉一番,柔柔腻腻的感觉和淡淡的清香自掌心而来,让她有那么一刻的沉迷。

她很想知道,千里之外,易安室窗前的那株红梅,是否还在一树风华地绽放?她嗅着掌心的花香,痴痴地想望。

数月后,清照的幼弟李远被朝廷任命为敕局删定官。在宋朝,这个官职隶属敕令所提举,负责敕令的删定工作。父母去世后,清照和幼弟相依为命,手足之情深厚难舍。

人生最苦是离分,清照依依不舍,提笔赋诗,为幼弟壮行:

征鞍不见邯郸路，莫便匆匆归去。秋风萧条何以度？明窗小酌，暗灯清话，最好流连处。

相逢各自伤迟暮，犹把新诗诵奇句。盐絮家风人所许。如今憔悴，但余双泪，一似黄梅雨。

——《青玉案》

与其说送别，不如说是苦苦挽留。

《庄子·胠箧》中有"唇竭则齿寒，鲁酒薄而邯郸围"，说的是这样一则历史故事：楚宣王约众诸侯会面，鲁国恭公姗姗来迟，并且带来的酒味道淡薄，惹得楚宣王很不高兴。恭公辩解道，我是周公的后代，王室封的勋位，送酒给你已经有失礼节和身份了，你还横加指责，不要欺人太甚了，说罢拂袖而去。被拂了面子的楚宣王勃然大怒，于是联合齐国发兵攻打鲁国。梁惠王一直想侵略赵国，畏惧楚国从背后下手，不敢轻举妄动。楚鲁交战，真是天赐良机，遂放心大胆地发动兵马攻打赵国都城邯郸。

因为鲁国的酒薄，邯郸不明不白地做了牺牲品。后人用"鲁酒围邯郸"比喻无缘无故受到牵扯株连。

"征鞍不见邯郸路，莫便匆匆归去。"清照以"鲁酒围邯郸"入典，似乎还隐约有卢生邯郸"南柯一梦"之意，意即此时的邯郸已为金人所困，凶吉难料，不宜匆匆前去赴任。此句是为弟弟分析国内的大环境。

接着她又以心疼的口吻劝说幼弟：这些年你征马劳累，不过是黄粱一梦。秋风又紧，天马上要转凉变冷。路途遥遥，舟车劳顿，举目无亲，多有不便。还是留在江宁吧，免得身陷危难之境。

然后清照又从自身说起：你走了，留下我孤单单的，多么让人不习惯。还是在一处好，记得我们一起写诗对酌、闲聊喝茶的光景吗？这飘零如浮萍的乱世，不如我们姐弟俩互为照应，彼此依托，这样的日子多令人留恋回味，足以慰藉余生之暖。

清照言及自己年龄越来越大，也越来越惧怕分离。每一次的聚散离合，都让她太过感伤。她反复吟咏而就的诗词佳句，令幼弟赞赏不已，但是其中酸楚心境，岂是一两句词章可以表达万一的。

谈诗论词是李氏家学渊源，是她的本色当行，一向受到世人称许。可也仅此而已，如今的她心神憔悴，不敢写诗，怕只怕触发愁肠，凄凉无助的泪水像江南的黄梅雨一样，绵绵不断流个不停。

"盐絮家风"借用的是东晋才女谢道韫"未若柳絮因风起"和其弟"撒盐空中差可拟"的典故。清照以"盐絮家风"入词，喻指姐弟俩一起诗酒唱和的情形。

李远自然也舍不得姐姐。可是，正值青壮之年的他，思前想后，还是本着"男儿本自重横行，天子非常赐颜色"的求取之心，和姐姐、姐夫依依告别，马不停蹄地赴任去了。

一骑轻尘，挥手自兹去，萧萧班马鸣。

第五节　巾帼豪情

幼弟李迒离开之后，清照的心境一度更加悲凉凄苦，身世飘零之感愈加强烈。

寒日萧萧上琐窗，梧桐应恨夜来霜。酒阑更喜团茶苦，梦断偏宜瑞脑香。

秋已尽，日犹长。仲宣怀远更凄凉。不如随分尊前醉，莫负东篱菊蕊黄。

——《鹧鸪天》

依旧是当年归来堂夫妻俩赌书泼茶时烹煮的小龙团茶，点燃的依旧是她一向偏爱的瑞脑香，可是，心境却大不同。

"莫许杯深琥珀浓，未成沉醉意先融。疏钟已应晚来风。瑞脑香消魂梦断，辟寒金小髻鬟松。醒时空对烛花红。"南渡前清照亦诉离愁,不过是以饮酒说愁诉怨,词调典雅富丽,不乏温情,颇得婉约之妙。南渡后,亡国丧邦之痛,让她的词凄凉欲绝,时时蛰伏着故国沦丧、流离失所的心碎之感。

琐窗,也作锁窗,即一种镂着连锁花纹的窗户。词人书秋景,寄乡愁。这个深秋的季节,惨淡的阳光慢慢移到镂刻着花纹的窗棂之上。是因为词人心境之缘故,连阳光都淡薄了热度,颇有些清寒萧然之感。

梧桐属于落叶乔木,心形的叶子凋谢得很早,入秋即落,所以词人代入自己的心绪,言之梧桐树入秋即落叶飘飘,应该也是在怨尤夜晚寒霜的突然来袭。其实,梧桐之幽怨,实则为人之幽怨。词人心中凄怨无助,因而借酒浇愁,一杯一杯喝得太猛,不知不觉喝得太多了。这时候的她,愈加喜欢小龙团茶浓酽的苦味。苦茶解酒,愿也解忧,让她无识无感,沉沉入梦。直至第二天早上,从酒醉的沉睡中醒来的她,才感觉到醒脑安神的瑞脑香更加入肺入心,余味悠长。

仲宣,乃王粲的字。王粲,山阳郡高平县(今山东金乡)人,善属文,文若春华,思若泉涌,诗赋为建安七子之冠。十七岁时因战乱南下投奔荆州刘表,未得到重用。客居荆州时曾写下著名的《登楼赋》,抒发其壮志难酬、思归怀乡的抑郁心情。

秋天就要过去了,日子还是如此漫长。她吟咏着王粲的《登楼赋》,愈加觉得凄凉难挨。抬眼望去,阳光下篱外的菊花开得正盛,金色的花瓣生气勃勃,像一张张金色的笑脸。在这金色的笑脸中,忽然浮漾起陶潜的"采菊东篱下,悠然见南山"的诗句,这位荷锄南山的智者,何其的爽朗乐观,让她顷刻间也豁然开朗起来,她讲:

既然想而不得，不如放下不想，不如开怀痛饮樽中美酒，这样就不会辜负了东篱菊香盈袖的大好秋光。

这首《鹧鸪天》不仅有女子的婉约细致，还体现了一定程度的刚直爽利、巾帼豪情，诸如"酒阑更喜团茶苦""不如随分尊前醉"，言简意明，倜傥有丈夫气，毫无扭捏之态。刚与柔的完美结合，造就了这首词独特的艺术美感。

"抽刀断水水更流，举杯销愁愁更愁"，酒虽然可以浇心头块垒，解当下之郁，由战乱而滋生的家国之恨、飘零之感，这些镌刻在骨子里的切身伤痛，岂是杯酒可除？

醉了一时忘，醒来又断肠。

建炎三年（1129）初春，江南草长莺飞，杨柳堆烟，清照却毫无观景赏春的欣喜。客居异乡的她，眼中江南风景愈秀美，怀望故土之情愈痛彻：

> 庭院深深深几许？云窗雾阁常扃。柳梢梅萼渐分明。春归秣陵树，人老建康城。
>
> 感月吟风多少事，如今老去无成。谁怜憔悴更凋零。试灯无意思，踏雪没心情。
>
> ——《临江仙》（其一）

这首《临江仙》清照另附有序："欧阳公作《蝶恋花》，有'深深深几许'之句，予酷爱之。用其语作"庭院深深"数阕，其声即旧《临江仙》也。"知会读者因喜欢下面欧阳修这首《蝶恋花》中的句子，引用并作词数阕。可惜，我们今天能看到的只有两首。

  庭院深深深几许?杨柳堆烟,帘幕无重数。玉勒雕鞍游冶处,楼高不见章台路。

  雨横风狂三月暮。门掩黄昏,无计留春住。泪眼问花花不语,乱红飞过秋千去。

——欧阳修《蝶恋花》

  欧阳修的这首《蝶恋花》,写闺中少妇的惜春、伤春之情,通过写景状物、虚实相融等表达手法,将寂寞深闺、美人迟暮,阻隔重重,女子想见不能、盼归不得的幽恨怨愤之情纤毫毕现,可谓景深、情深、意境深。

  词牌不同,自然句式不一样,清照借用了首句。

  自然,首句"庭院深深深几许"的作用不言而喻。"深深深几许",三个"深"字连用,意味隽永,其叠字之工可谓高矣。不仅受到清照的格外偏爱,也给古今诗词爱好者留下深刻印象。

  "深",前两个形容庭院之深,为形容词;后一个"深"作疑问句,有加重语气、强调其"深"的作用,为动词。词人三字连叠,不仅突出院宇深邃、气象雍容的特点,并且产生幽婉、复沓、跌宕、回环的声情效果。

  "云窗雾阁常扃"取自韩愈《华山女》"云窗雾阁事恍惚,重重翠幕深金屏",具体描写庭院之幽深。云雾缭绕乃江南自然现象,庭院深隐在迷蒙的云雾之中,词人关门闭户,不愿踏出户外,不愿去看外面的景况,其孤寂之心、忧愤之情,昭然若揭。

  此时,窗外"柳梢梅萼渐分明",柳条返青,梅枝吐蕊,红红绿绿格外分明。一个"渐"字，炼字准确，词眼生动，说明是在不知不觉间，表明词人捕捉大自然的细微变化异常敏锐和感性。

秣陵是江宁别称。建康，也即江宁，建炎三年（1129）五月，宋高宗将江宁改称健康。又是一年草返青，词人看到古秣陵城树木渐绿，燕子啁啾，春已归来，禁不住感慨万分。流落江南的她，有家难回，看不到收复中原的丝毫希望。她不知道，自己的后半生，是否要老死在建康城。

记得年轻时，她和丈夫一起沉醉于金石，时时煮酒烹茶，吟风弄月。现在想来，那时的他们多么自在悠闲，快乐幸福。如今年岁大了，没什么能提起兴致，什么事情也没有心情去做，任自己一年一年憔悴和衰败下去。

"试灯"，宋元宵节有赏灯的习俗。元宵节前夕，家家户户提前挂上灯笼，万民同庆，叫作"试灯"。可元宵节试灯也好，大雪天拉着丈夫赵明诚一起去郊外踏雪观景、寻找写诗灵感互相唱酬也罢，现在都没兴趣没心情去做了，一副心灰意懒、无情无绪的样子。

词人选取"试灯"和"踏雪"这两个一生中印象最深、最能彰显夫妻二人美好以往的典型细节，来追忆旧年之欢喜，映衬今日之冷寂。小词看似写深闺寂寞，实则蕴含家国之思，言近旨远，含蓄蕴藉。全词格调沉郁苍凉，几乎全部以口语入词，若不经意，却形象自然，明白如话。

"春归秣陵树，人老建康城"，这不仅仅是李清照独自的凄婉悲叹，而且道出千千万万颠沛流离、离乡背井的北人渴望收复中原的强烈心声。

这种强烈心声在她的另一首《临江仙》词中亦刻画入微：

庭院深深深几许？云窗雾阁春迟。为谁憔悴损芳姿？夜来清梦好，应是发南枝。

玉瘦檀轻无限恨，南楼羌管休吹。浓香吹尽有谁知？暖风迟日也，别到杏花肥。

——《临江仙》（其二）

身居云窗雾阁的深宅大院，不易感受到季节更替，因此词人颇有"春迟"之感。春天姗姗来迟，出门在外的丈夫亦迟迟不归，思念让她容颜憔悴，芳姿悴损，渴望能在梦中与亲人相聚，互相倾诉相思离愁。

这个时节，朝南的梅枝也该含苞吐蕊了，她最喜爱的梅花就要绽放枝头，不能不是一份欣喜。

忽而，稍有喜色的她又眉头微蹙。梅花开了，一朵朵玉瘦檀轻，肌骨羸弱，南楼的羌笛呀，莫要吹奏太过哀怨的曲调，谁知一夜之间，这香气馥郁的梅花要被惊落多少呢？

羌笛中有一支曲子叫《梅花落》，也叫《落梅花》，为西汉李延年所作，是古代笛子曲的代表作，曲调高亢哀婉，让人伤感，《梅花三弄》就是根据《梅花落》改编的。梅花飘落本已让词人倍感失落，再听闻从南楼飘来的哀伤笛曲，无疑雪上加霜，郁郁难遣。

此亦是词人的别出巧思，词人毫无道理地将梅花的零落归罪于南楼的羌笛声声，并借春光迟迟，来表现思妇的黯然心绪，颇得"羌笛何须怨杨柳，春风不度玉门关"之旨趣。

"春风先发苑中梅，樱杏桃梨次第开"，在白居易这首《春风》

诗中，春风最早吹开花园里的梅花，接着，樱花、杏花、桃花、梨花一个挨着一个依次开放。按照这样的排序，梅花与杏花之间相隔有一段时间，所以词人写"暖风迟日也，别到杏花肥"。"杏花肥"谓之杏花怒放的样子，一个"肥"字，形容词做谓语用，比况形象而生动。词人豪情地告知春风：暖暖的春风你迟些吹来，别让梅花凋谢得太快，别让时光飞速地流到杏花盛放的时节，惜春、惜梅之情呼之欲出。

词人借物抒情，兼以梅花自喻，写梅即写自己。将怀望故人、故土的离思与韶华易逝的怅惘，极其高华而深挚地发轫于笔端，诗语简净，情辞慷慨，可谓"伤心人别有怀抱"。

卷六　你去之后，悲伤尽数眼前

第一节　缒城而逃

建炎三年（1129）正月，金军继续南下，宋军不敌，不久徐州、泗州沦陷。流亡难民衣不蔽体，食不果腹，饿殍千里。二月，金军的铁蹄又突袭扬州，宋高宗慌忙带着侍御史张浚、宦官康履、蓝珪和御营都统制王渊等，匆匆南下渡江到镇江，然后一路舟车，继续向南避乱。金兵纵火扬州城，城中百姓水深火热，死伤不计其数。

一路仓皇逃亡的宋高宗千里迢迢辗转到杭州，刚想歇一口气，岂料，因为他宠信佞臣康履、王渊等，在杭州府导致一场兵变的爆发。宋高宗被迫下台一个月之久，南宋差点改朝换代。

宋高宗还在做康王的时候，宦官康履就曲意逢迎，"为康王府都监、入内东头供奉官"。金国攻打北宋时，康王赵构曾经作为人质出使金营，康履一直作为贴身侍从鞍前马后。之后，他追随主子赵构出任河北兵马大元帅，主管机宜文字。宋高宗在应天府称帝的时候，帐下人马并没有多少，康履是赵构最信任的侍卫之一。

因受到宋高宗的特别依赖和宠信，康履自恃"开国功臣"，一面把持朝政，一面打着皇帝的旗号，擅作威福。即便在灰头土脸的流亡路上，康履及其党羽竟还有闲情在吴江"以射鸭取乐"。抵达杭州之后，不顾江山社稷、黎民百姓于水火，以"中官供帐，赫然遮道"的浩大阵势，簇拥皇帝前往钱塘江观潮，张灯结彩，歌舞升平，极尽奢靡。

康履及其党羽的荒唐行径，令守卫杭州的将领苗傅和刘正彦极其不满。苗、刘均是将门之后，他们渴望建功立业、杀敌报国，却因宦官专权，无法得到重用，于是就以清君侧的名义，联合发动兵变。他们带着军队攻入杭州行宫，拘禁宋高宗，腰斩宋高宗宠幸的侍卫和宦官康履，逼迫宋高宗将皇位禅让给年仅两岁的皇太子赵旉，由太后垂帘听政，史称"苗刘之变"。随后，张浚、韩世忠等勤王部队以"篡逆之罪"联合起兵讨伐苗傅和刘正彦，两人仓皇而逃，后被捕，在建康闹市被处决。四月，宋高宗复位。

极其可悲的是，以宋高宗为首的南宋流亡小朝廷政治腐败，并未吸取北宋亡国的惨痛教训，不思奋发图强、收复中原失地，只求苟且偏安，得过且过。

"苗刘之变"之后，宋高宗赵构终其一生都不再相信武将。为防止地方武力和将领拥兵坐大，他还频繁调动将领，军无常帅，帅无常军，甚至出现"兵不识将，将不识兵"的可悲局面，致使南宋军事实力削弱，战斗力不强。无疑，这是为南宋的灭亡自掘坟墓。

由于江南河流纵横，水系密布，不利于金骑兵作战，所以相对比较太平，这也是南宋王朝衣冠南渡的重要缘由。但江宁百姓免不了要受到池鱼之殃，人心惶惶，相对太平的生活不再安宁。

对国家命运特别关注的李清照心里更加忧虑不安，她对南宋朝廷苟安求生、一味南迁、放弃抵抗的政策充满愤慨，禁不住诗情澎湃，铿锵发声：

南来尚怯吴江冷，北狩应悲易水寒。

"吴江""易水"分别指代南方和北方。"北狩"，指皇帝去北方狩猎，在这句诗里特指"靖康之耻"中宋徽宗和宋钦宗两位皇帝被掳去金国之事。"风萧萧兮易水寒，壮士一去兮不复还"，春秋时期燕国太子丹派荆轲前去刺杀秦王，在易水为其纵歌饯别，所以"易水寒"一词充满悲壮色彩，李清照以此代指两位皇帝被俘、山河蒙难的国之屈辱。

她又写"南渡衣冠少王导，北来消息欠刘琨"。

手执如椽大笔，一出口就惊世骇俗。

王导，著名的政治家、书法家，曾不遗余力地辅佐司马睿衣冠南渡，帮助司马家族联络和安抚南、北士族大家，招贤纳士，建言献策，为东晋的建立立下汗马功劳。

刘琨，西晋政治家、文学家、军事家，年轻时便以天下为己任，和祖逖一起闻鸡起舞，奋发图强。光熙元年（306）九月，司马越派刘琨出任并州刺史。在达官贵族纷纷衣冠南渡的时候，只有刘琨不辱使命，选择了留守在兵败的北方。他带领一千余人离开都城洛阳，于次年春到达山西晋阳（今太原）。当时的晋阳刚被匈奴战火洗劫，城池坍塌，民不聊生。刘琨安抚流民，修筑防御工事，积极抵抗外民族侵犯，力保一方安宁，使晋阳很快恢复生产，焕发了生机。

"少王导"和"欠刘琨"，李清照以这两个历史典故来慨叹懦弱的南宋朝廷没有发愤图强的匡复之心，没有哪个忠义之士如王导和刘琨一般力能扛鼎，救民众于水火。由于两句诗以抨击时弊为题，只限于口口相传，文字少有记载，留下的均是残句，其余均已散佚。

由于宋太祖赵匡胤重文轻武留下的后患，宋朝文人待遇丰厚，武将地位则极低，导致武将心理严重不平衡。另外宋朝文人政治，缺乏军事人才，对军队管理不善，加之上级将领贪污腐化，时有克扣军饷的现象，造成御营部队隐患很多，危机四伏。

建炎三年（1129）二月，赵明诚接到移知湖州的任命，他和下属将江宁公务交接完毕，收拾行装，待赴湖州。

岂料，初五的当晚，江宁却出现叛军谋反的大事件。御营统制官王亦和部下联合，谋划以放火为信号，欲以起兵叛乱。江东转运副使李谟得知消息后，觉察御营形势异常，遂快马加鞭赶往州衙禀告赵明诚，言之万分火急，应组织兵力，速战速决，镇压叛军。

赵明诚不以为然，文人性情的他，竟然以自己已卸任江宁知州，不便出面主持大局为由，让李谟自行处理。李谟有苦难言，新任知州尚未上任，只好自作主张进行战事准备。他率领部下在御营通往江宁的必经之路上，布阵埋伏，并联系周边军队做后援。

是夜，天庆观方向果然火光冲天，呼声震地，王亦率领部下进攻江宁州衙。叛军行至中途，毫无防备地陷入李谟布下的包围之中。经过一夜鏖战，由于李谟布阵有方，带领部下英勇抗击，御营叛军节节倒退，从江宁城南门大败而逃。

战斗结束后，李谟前往州衙向赵明诚通报战情。州衙竟空无一人，找来找去不见人影。原来，两军厮杀的时候，通判毋丘绛带着赵明诚和观察推官汤允恭，乘人不备从府衙后门仓皇溜出，在城墙之上以绳索缒至地面上，三人顺着绳索从城墙一侧爬将下去，逃至城外，趁着夜黑风高之际，混杂于百姓中间。

这次兵乱，由于李谟的当机立断，所幸没有造成太大危害，让城里百姓蒙受较大损失。但临阵脱逃的负面影响实在太大，赵明诚随之被朝廷罢官，毋丘绛和汤允恭也受到降官两级的处分，发配边疆。

据《万姓统谱》记载，观察推官汤允恭曾是一个有识有谋之人。在他担任常州通判一职时，有叛军进入境内，汤允恭独自一人深入虎穴，舌战群寇，瓦解了叛军队伍，那是何等的壮怀激烈。而此次在江宁如此表现，令人大跌眼镜。这也许就是现代人常说的蝴蝶效应吧。

所谓时势造英雄，亦"毁"人不倦。

被免职的赵明诚灰头土脸，李清照自然也颜面无光。对丈夫既无凛然风骨，又无浩然正气，面对兵变闻风丧胆，不顾全城百姓安危，不积极联防军力勇击叛军却弃城夜遁的行为，她深感遗憾。

不过，正像她诗里所说的那样："南渡衣冠少王导，北来消息欠刘琨。"南宋王朝上自朝廷君臣，下至高门大户，个个畏敌如虎，只求逃窜自保，不思匡复抵抗。社会大环境如此，赵明诚不过一个几经官场沉浮，心中渐无斗志的文弱书生，有着懦弱的本性和自觉躲避灾祸的自私，她又能责怪他什么呢？

每个人都有无数横切面，每个横切面都会展现不一样的特性，你看到他的闪光之处的同时,也必须清醒地意识到他的不完美的存在。

第二节　生作人杰

江宁是待不下去了，李清照和赵明诚决定远离纷扰，退隐林泉。夫妻俩将寓所里的金石古玩、书画字帖精心整理、打包，雇了一艘大货船，带上所有的家什、物资，乘船离开江宁。顺江而上，一路向南，经芜湖，穿越姑孰镇，向江西赣江方向出发。

建炎三年（1129）五月，货船停靠在乌江县（今安徽省和县乌江镇），他们决定在这里做短暂逗留，休整后再出发。

乌江县因长江支流乌江流经此地而得名，这里自古名人辈出，写出名句"还君明珠双泪垂，恨不相逢未嫁时"的唐朝诗人张籍，南宋爱国词人张孝祥以及书法家张即之，都是生于斯长于斯的乌江才俊。

两千多年前，秦朝灭亡后天下大乱，群雄逐鹿中原，项羽在江苏会稽起兵，自立西楚霸王，遂册封参与灭秦的刘邦、章邯、司马欣等十八个诸侯王。后来，汉王刘邦从汉中出兵进攻项羽，双方展开历时四年之久的楚汉战争。项羽所向披靡,勇冠三军,屡屡大破刘邦,但因无固定的后方粮草补给,最后遭至刘邦的汉军围追堵截,四面楚歌,兵败垓下。

项羽杀出一条血路,突围至乌江。乌江亭长将船只靠岸,以诚相告:"江东虽小,地方千里,众数十万人,亦足王也。愿大王急渡。今独臣有船,汉军至,无以渡。"欲渡项羽过长江,待日后卷土重来,东山再起。

项羽却苦笑着摇头:"天之亡我,我何渡为!且籍与江东子弟八千人渡江而西,今无一人还,纵江东父兄怜而王我,我何面目见之?纵彼不言,籍独不愧于心乎?"他自觉无颜面对江东父老,谢绝亭长的好意,自刎而亡。血溅三尺,楚汉相争的悲壮历史在这一抹血红中宣告结束。自此,乌江天下驰名。

项羽死后,其后人在乌江镇东南附近的凤凰山上做"衣冠冢",墓葬了项羽的残骸和血衣。后唐人在"衣冠冢"旁边修祠建庙作以纪念,称西楚霸王祠,也叫"项亭",由唐朝著名书法家李阳冰亲笔题写"西楚霸王灵祠"的篆字匾额,殿内有宰相李德裕撰写的《项王亭赋并序》,南唐徐铉撰写的《项王亭碑》。祠内立着项羽、虞姬、范增等人的大型雕像,石狮、旱船、钟鼎、石匣、碑刻等金石文物济济一堂。唐宋诗人孟郊、杜牧、苏舜钦、王安石均到此做以祭奠,且题诗于壁上。

已是金石大家的赵明诚对项亭早有耳闻,慕名已久。他和妻子李清照一起上岸后,两人相携登顶到祠内凭吊项王、考据金石。望着殿内珍稀的古迹、碑刻,赵明诚一扫往日眉头上的阴霾,他双眼炯炯,如获至宝。

随行的李清照却有着异样的感受。望着殿内项王和虞姬的塑像，清照仿佛听到垓下之战中西楚霸王绝望的仰天长啸，忍泪作别的虞姬的凄然起舞，其悲怆之音振聋发聩，惊天地泣鬼神：

> 力拔山兮气盖世，时不利兮骓不逝。
> 骓不逝兮可奈何，虞兮虞兮奈若何！
>
> ——项羽《垓下歌》

> 汉兵已略地，四方楚歌声。
> 大王意气尽，贱妾何聊生！
>
> ——虞姬《和垓下歌》

他本是卓绝超群、武功盖世的反秦义军领袖，是举世无匹、力拔山兮的西楚霸王，却在历时太久的楚汉相争中损兵折将，节节败退，保护不了和他一起战斗的江东子弟，割舍不下自己心爱的女人，不得不以热血之躯面对四面楚歌的穷途末路。才有如此悲壮、激昂、不朽的《垓下歌》的流传至今，唱绝千古，撼天动地，令人心生悲悯。

抚昔思今，心潮难平的李清照感慨万千，遂口占一绝，直抒胸臆：

> 生当作人杰，死亦为鬼雄。
> 至今思项羽，不肯过江东。
>
> ——《夏日绝句》

所谓"人杰",《文子·上礼》中言:"行可以为仪表,智足以决嫌疑,信可以守约,廉可以使分财,作事可法,出言可道,人杰也。"简而言之,人中豪杰,才智杰出的人。苏东坡亦有论述:"子胥、种、蠡皆人杰,而扬雄,曲士也。"表达对伍子胥、文种、范蠡三人的敬佩之情。

对于楚汉之战取得胜利的原因,刘邦曾做以下总结发言:"张良、萧何、韩信,此三者,皆人杰也。吾能用之,此吾所以取天下也。项羽有一范增而不能用,此其所以为我擒也。"意即开国功臣张良、萧何、韩信都是人中豪杰,能为他所用,人尽其才,这就是刘邦获取天下之原因所在。项羽身边虽有范增,却不信任,以至于被刘邦擒获。项羽之所以兵败,不言而喻。

所谓"鬼雄",《楚辞·九歌·国殇》中有"身既死兮神以灵,子魂魄兮为鬼雄",谓之鬼中之雄杰,为国捐躯的英灵魂魄。

关于乌江,关于西楚霸王的典故,唐诗人杜牧在凭吊项王亭时也曾留下一首诗:

胜败兵家事不期,包羞忍耻是男儿。
江东子弟多才俊,卷土重来未可知。

——杜牧《题乌江亭》

杜牧言之,胜败乃兵家常事,大丈夫能屈能伸,留得江东在,不行咱再打回来。

司马迁曾站在史家的立场批判项羽"天亡我,非战之罪"的刚愎自用。杜牧则以假想入题，强调兵家须有胜不骄败不馁的见识和不屈不挠的意志。

几百年后，到了北宋，杜牧这首诗不巧被一向严谨的王安石看到了，他拼命摇头一番，认为年轻人思想不成熟，想法过于随意草率，他保持不同观点，以质疑的语气隔空回复一首《乌江亭》：

百战疲劳壮士哀，中原一败势难回。
江东子弟今虽在，肯与君王卷土来？

——王安石《乌江亭》

王安石辛辣冷峻地反问：失去民心的项羽在垓下失败是历史的必然，即便重返江东，江东的父老兄弟还肯为他拼死卖命吗？

宋人胡仔在《苕溪渔隐丛话》中亦发表见解："项羽以八千人渡江，败亡之余，无一还者，其失人心为甚，谁肯复附之？其不能卷土从来，决矣。"可见，对于垓下之战，众说纷纭，所见皆有所由。

李清照这首《夏日绝句》短短二十个字，既通俗明白，又鲜明直切，气势凛然。词人予家国之痛、自家身世于诗中，直奔主题，却又含蕴丰富。

李清照认为，做人就要做治国、齐家、平天下，有血性有担当的英雄豪杰，死后也应成为保家护国、为民捐躯、英勇就义的盖世英魂。在生死关头，项王没有选择屈辱过江，苟且偷安，不失为一名顶天立地的大英雄。

当今的南宋小朝廷，一路南逃，既不敢也不愿与金军正面交战，还屡屡诬陷和打击主战派，割地赔款，偏安求和，对比自刎乌江的西楚霸王，李清照为此等懦弱的王朝感到无尽的愤怒和悲哀。

六月初，船行至池阳境内。池阳，别名"秋浦"，有九华山、秋浦仙境、平天湖等风景名胜，素有"千载诗人地"之美誉。大诗人李白曾三上九华、五游秋浦，留下数十首赞美秋浦美丽山水的不朽诗篇。池阳古城风光妙丽，古色古香，且民风淳朴。池阳知州刘子羽闻讯后，特地到江边接应，热情洋溢地邀请他们夫妻二人下船到池阳州府做客。

池阳百姓好客而实在，能在小城亲眼见到闻名朝野的金石大家赵明诚和能诗善词的李清照，不失为一份大惊喜。所以，赵明诚和李清照以及他们的丰富藏品，在池阳受到了知府大人和城内百姓的夹道欢迎，人们奔走相告，笑意相迎。

赵明诚和李清照亦为这份好客而感染，在知州刘子羽为他们特意举办的接风宴上，宾主皆欢，谈笑风生。

彼时，喜上加喜，福又双至，知州刘子羽又为他们带来了宋高宗重新任命赵明诚知湖州的诏令，众人举杯庆贺，皆大欢喜。

"苗刘之变"后，宋高宗不敢轻易重用武将，而可用的文官亦屈指可数。加之兵变之前赵明诚确实已接到离任调令。另外一个重要原因是，赵明诚的两位兄长、妹婿，以及李清照的弟弟李远都在朝堂担任要职，宋高宗不看僧面也得看佛面，不过一个顺水人情，就解决了众多问题，于是，水到渠成，复职一事顺理成章。

清照上船为丈夫收拾行装。她一直担心弃城事件会影响丈夫一生清誉,现在丈夫官复原职,清照心中的一块巨石也就此放下。想来,此次复出,他一定会吸取此前教训,成就大事。

赵明诚更是一扫之前颓丧之相,扬眉吐气,满面春风。大宋律令,官员上任时一定要面圣叩谢皇恩。

此时,宋高宗已临时驻跸于江宁,并将江宁改名建康,以彰显其守卫山河、江山永固之心。鉴于金石器物运输不便,路途遥远,走水路太延误行程。赵明诚决定让清照暂留池阳居住,托付州官刘子羽代为照顾家眷。自己则骑着郡守提供的马匹,只身从陆路官道策马飞驰,以求最快的速度抵达建康应诏面圣。

第二日一早,赵明诚就出发了。但见他葛布夏衣,精神如虎。他策马在路旁,额角发亮,眸里有光,老夫聊发少年狂,策马扬鞭待驰骋,宛若初入仕时的模样。

山长水复,长亭短亭,他神采奕奕地和船上依依不舍、黯然神伤的妻子挥手道别。

正值兵荒马乱时期,丈夫不在身边,船上尚有如此之多的金石器物需要守护,李清照一个羸弱女子,独自负重这些,责任太过重大,于是在船上她大声地向丈夫赵明诚请示:如果遇到危机时刻怎么办?

赵明诚做着手势匆匆回答:危急关头,你就随着众人逃跑,如果形势紧迫,就先丢掉那些笨重的东西;再不行的话丢掉衣物被褥等;还不行的话舍去书册和卷轴,然后是古器,最后留下宗庙牌位和祭祀礼器,这些一定要随身携带,人在物在,生死相随。

仿佛不放心似的,他回头对妻子叮嘱再三:"娘子珍重,请娘子万万守护好物品家私,莫毁莫遗。其余事宜,待日后再做长远打算。"遂扬鞭策马,绝尘而去。

在清照模糊的泪眼中,向远的大路上,已不见丈夫疾驰的背影。

第三节　杞妇之悲

从池阳奔赴建康的路上,赵明诚一直处于精神亢奋的状态。绝处逢生的他只恐再有差池,不畏烈日炎炎,不畏征途迢迢,纵马疾驰,日夜兼程,恨不能插翅而飞,千里江陵一日还。

建炎三年(1129)七月初,正值酷暑难当的小暑时节,俗语说"小暑大暑,上蒸下煮",小暑过后,正式进入"上蒸下煮"的三伏天。所谓"热在三伏",建康的三伏天是一年中温度最高、最为潮湿和闷热的时段。

只身抵达建康的赵明诚如同身处蒸笼,湿热难耐。由于过度劳累,身心连续多日处于焦躁状态的赵明诚病倒了,恶心呕吐,头脑昏沉,心跳加速,肌体无力。他吃了几服中药,身体并不见好转,且状况愈发严重,卧床不起。于是请人飞马传书,让妻子李清照速速赶来建康。

还未从离愁别绪中完全解脱的李清照,闻听此消息后犹如五雷轰顶，连呼"奈何""奈何"，惊惧不已。之前待字闺中的她，曾在父亲的指导下，研读过一些医学药典之类的书籍，对药理知识略通一二。她知悉丈夫秉性，料到性子急躁的他，病急乱投医，一定会按照惯常思维服用寒药来清热泻火。殊不知，此热症服用寒药后，不但不会纾解症状，身体排热机能还会更加紊乱，雪上加霜。当年，师祖苏轼就是因为盲目用药导致病情加重，在常州不幸仙逝的。

李清照又急又怕，顾不得许多，她将金石古器安置在池阳的临时住所，嘱咐两位忠厚的老用人严加看护，又将此消息禀告池阳知州刘子羽，托付刘大人加以照料。遂急唤船家掉转船头，即刻出发，披星戴月，向建康方向赶去。好在一路顺风顺水，一天一夜疾驰三百里水路，不几日便到了建康。李清照见到了病床上的丈夫。

正如清照所料，赵明诚果然服用了大剂量的柴胡、黄芩等寒性中草药来清热燥湿，泻火解毒。适得其反，病情更加严重，身体忽冷忽热，进食不利，并伴有腹痛、腹泻的症状，疟疾加上痢疾，病已膏肓。

不足两个月的时间，池阳一别时还生龙活虎、神采奕奕的丈夫，如今孱弱消瘦，近似虚脱，奄奄一息。李清照欲哭无泪，她为丈夫遍访名医，寻方问药，奈何病情并无起色。

她衣不解带，端药侍水，在丈夫身边日夜陪伴，精心照护。有老妻在身边，病中的赵明诚稍感慰藉。

清醒的时候，他会握一握清照的手，满脸歉疚地自唇角轻声吐一句："有劳娘子，娘子辛苦！"

知道丈夫时日无多，李清照很想询问丈夫有没有需要交代的后事，却又不忍让他难过伤心，几次话到嘴边，又生生吞咽下去。

就这样又挨过了些时日。八月十八日这天,赵明诚已经不能起身。忽然之间,他似乎感觉有了些精神,声音喑哑地向妻子索要纸笔,说自己感觉好些了,要为日夜辛苦的她作首诗。

李清照明白这是回光返照,她抑制住心底的悲恸,强颜欢笑为他研墨展纸,扶他坐起。

气若游丝的赵明诚颤颤巍巍地举笔题诗,一行诗没有写完,手腕已经无力,"啪"的一声,笔掉落在地上。

他下意识地抓住妻子的手,眼神定定地瞅着清照身后那厚厚一摞的《金石录》,像是已用尽全身气力,似有千言万语想要嘱托,却一句话也说不出来。随即,手臂和躯体渐然失去温热,变得僵硬起来。

清照扑倒在丈夫床前,痛哭失声。

赵明诚弥留之际,并没有留下任何要嘱托的后事。

> 比至,果大服柴胡、黄芩药,疟且痢,病危在膏肓。余悲泣,仓皇不忍问后事。八月十八日,遂不起。取笔作诗,绝笔而终,殊无分香卖履之意。
>
> ——李清照《金石录后序》

"分香卖履"出自曹操《遗令》:"吾婢妾与伎人皆勤苦,使著铜雀台,善待之……余香可分与诸夫人,不命祭。诸舍中无所为,可学作组履卖也。"这是曹操临死前立下的遗嘱,意思是他死后,让姬妾们住在铜雀台,妥善安排。并把家里剩下的香料分给她们。并嘱咐再三,若无营生可做,可以学着编织些带子,做些布鞋去卖,来养活自己。后以"分香卖履"喻男人临死时对姬妾的安置。

文中清照下意识用此典故，或许意在点明赵明诚确实因子嗣无继纳有小妾，因没有好的感情基础，死后未曾安置，给侍妾分割家产。

是时，李清照已是将近知天命的中年女子，在平常人家，这个年龄大多子女绕膝，一家人热热闹闹，共享天伦之美事。可是，清照和丈夫赵明诚结婚二十八年，膝下无子。如今，年逾半百，失去丈夫，身后再无靠山。山河飘零，家破人亡，往后余生，她将如何独自面对兵荒马乱的世事人间？

世上存在着流泪也无法纾解的悲哀，这种悲哀无法向人解释，它如朔风下的积雪坚冰厚厚地沉积心底。在这依然酷热的八月，清照感受到了来自心底的阵阵寒意。

她犹记得"倚门回首，却把青梅嗅"时的青涩芳华；记得"云鬓斜簪，徒要教郎比并看"的娇俏弄痴；记得"笑语檀郎，今夜纱橱枕簟凉"的甜蜜情话；记得"帘卷西风，人比黄花瘦"的离别情长，今夕，却只剩下"如今憔悴、但余双泪，一似黄梅雨"的独自恓惶独自伤。

他说过要一生相伴，护她周全。可现在却溘然离去，留下她孤苦一人，无依无傍。

对相守相爱的夫妻来言，对方的心才是最好的房子。现在，这房子骤然坍塌，她的心无处安放，颠沛流离。

可是，李清照还得强打精神，为亡夫操办后事。

是时，金兵步步紧逼，宋高宗已分遣六宫，皇太后率六宫嫔妃在御林军的护送下逃往洪州（今江西南昌）。宋高宗也已带领部下离开建康，继续南逃。为了阻击金国铁骑进犯，长江部分水路已经封锁禁渡。赵明诚的两位兄长远在广州和泉州，妹婿李擢以及清照的弟弟李迒都护送高宗南下。兵荒马乱，举目无亲，赵明诚的丧事只能从简，就近下葬。

一副棺椁薄葬了客死异乡的最亲的人。李清照肝肠寸断，她饱蘸血泪为丈夫书写祭文，题为《祭赵湖州文》。

湖州是赵明诚生前最后一个职务，虽然他还未到湖州上任，但朝廷诏命已经下达，丈夫于此职位上殒命，因此她用"赵湖州"称呼赵明诚。

可惜此祭文年久散佚，仅余两句流传至今：

  白日正中，叹庞翁之机捷；
  坚城自堕，怜杞妇之悲深。

亦有人讲，这是清照悼念丈夫赵明诚的一副挽联。

"白日正中，叹庞翁之机捷"，此一句典出北宋释道原所著的佛教史书《景德传灯录》。庞翁指庞蕴，中唐禅门居士，素有"东土维摩"之称。书中记载，庞蕴起初修习儒学，在进京参加科举考试的途中，因有感于马祖禅师的故事，遂转道江西，追随禅师参禅。其一生不改儒生形象，妻子儿女和他一起修行，一家四口以耕田、编卖竹篱维持生计。他的女儿庞灵照天生慧根，机敏伶俐。一天，庞蕴预感自己即将圆寂，他让在外面编竹篱的女儿灵照帮他看着太阳，待日头到正中的时候来告诉他。快正午的时候，灵照进屋禀告："父亲，您快出来看看，今天中午有日蚀，我看不清太阳。"庞蕴心生疑惑,站起身走出门去。但见外面明晃晃的大太阳,哪有什么女儿所言的日蚀?

他猛一警醒,转身回到茅棚,看到女儿灵照正坐在他刚才起身的地方,双手合掌,面如莲花,已然坐化。庞蕴笑着夸赞:我的女儿好"锋捷"呀。他帮女儿料理了后事,七日后寂灭。

清照以此典故,谓之丈夫先已离世,有她为其料理后事,较之后亡的她的处境要好。这样来说,其一是聊以自慰,其二亦确乎实情,就像《葬花吟》里林黛玉所吟的那样:"尔今死去侬收葬,未卜侬身何日丧?侬今葬花人笑痴,他年葬侬知是谁?"这是一个非常现实的问题,清照有如此透彻之思考,更加映射出她内心无底的痛彻和悲凉。

"坚城自堕,怜杞妇之悲深",此句的典故出自《孟子·告子下》杞梁妻哭夫的故事。杞梁妻哭夫是"孟姜女哭长城"的故事原型。据记载,在齐庄公讨伐莒国的战争中,将士杞梁英勇善战,在战场上不幸阵亡。战斗结束后,齐人将杞梁的尸体运回临淄。杞梁的妻子在郊外的大路上哭迎丈夫的灵柩归来。齐庄公派大臣前来慰问吊唁。杞梁妻子认为丈夫乃为国捐躯,是大义大勇之士,在郊外吊唁,国君缺乏应有的诚意,简易草率,对逝去的英魂不够尊重,便坚决回绝。

其后,齐庄公隆重地将杞梁安葬到齐都郊外,并亲自到杞梁家中吊唁慰问。杞梁夫妻没有子嗣,也没有族内近亲,丈夫下葬后,杞梁妻子枕着杞梁的坟茔于城下啼哭终日,往来的人无不怜惜挥泪。十日之后,城墙已然不忍,竟然在哭声中溃塌而倒。

杞梁妻丧夫,清照亦丧夫。杞梁妻哭夫,清照亦哭夫。赵明诚于国之乱离中暴病身亡,清照以"坚城"一词,暗示丈夫为国之长城,死得其所。

为逝去的丈夫正名,亦是她这个未亡人义不容辞的责任。

同时,杞妇之哀怨无助,"上无父兮中无夫,下无子兮孤复孤",清照亦感同身受。丈夫在的时候,纵然流离失所,聚少离多,总有个家在牵系,夫妻两个相依为命,再苦再难也觉得温暖和安心。如今丈夫不在了,她如无根浮萍,心里再无家的奢念,连漂泊也失却方向,痛彻心扉在所难免。

一"叹",再一"怜",悲之切,痛之深,无以言表。

第四节　玉壶颁金

生命中，曾一度惺惺相惜的那个人，有一天突然生死两茫茫，怎不让人痛楚凄绝。

悲伤不可尽数。

连日来精神高度紧张，竭尽心力照拂重病在床的丈夫，已让李清照筋疲力尽了，家破夫亡又让她身心遭受重创。终日以泪洗面的她，在无尽的悲伤之河中苦苦泅渡。

> 天上星河转，人间帘幕垂。凉生枕簟泪痕滋，起解罗衣，聊问夜何其？
> 翠贴莲蓬小，金销藕叶稀。旧时天气旧时衣，只有情怀，不似旧家时。
>
> ——《南歌子》

天上的星河在一点点向西天移动，房间里厚重的帘幕低低垂下，街市里的人们早已进入甜美的梦乡。和衣而卧的清照却辗转反侧。夜深沉，枕间透着立秋的凉意，一行行难以抑制的眼泪自眼角溢出，一串串地浸湿簟席，连罗衣也洇湿了一大片。不知什么时辰了，她起身解开濡湿的罗衣。这件丝帛罗衣，由于年久的缘故，衣襟上用翠线纹绣的莲蓬变小了许多，用金线钩织成的莲叶也越发稀疏了。

她犹记当初自己穿上这件新做的罗衣的时候，丈夫赵明诚特别欣赏衣襟上绢绣的翠色小莲蓬和金色小藕叶，他双眼含笑，盛赞娘子诗词一流，女工亦一流，眼角眉梢都是宠溺欢喜的模样。

而今，还是旧时的天气，还是旧时的衣裳，故人已去，上穷碧落下黄泉，两处茫茫皆不见。斯时的心情，却再不能是旧时心情了，不能不让她泪零。

孤枕难眠时最怕伤心，最怕怀念。奈何伉俪情深，抚今追昔，触目之间，皆是旧人、旧物、旧事、旧忆。

词人以极寻常的口语入笔，又以极寻常极微小的细节入心，不怨不尤，却感人至深。

失去丈夫、失去故园、失去家国的李清照，宛若一只失群孤雁，无所依傍，她茫然无措，不知道何去何从。

  风柔日薄春犹早，夹衫乍著心情好。睡起觉微寒，梅花鬓上残。

  故乡何处是，忘了除非醉。沉水卧时烧，香消酒未消。

——《菩萨蛮》

南方春早,风儿轻柔,阳光有了些许暖意。臃肿的冬衣穿不上了,她换上单薄的春衫,身子感觉轻松多了,心情也一下子跟着快乐起来。

不过,晨起的时候还是稍许有些寒凉,昨晚醉酒后插在鬓角的那枝梅,已经凋落在枕旁,失去娇嫩的颜色。

昨晚的她,又想起故乡的月,故乡的院落和梅花。多喝了几杯酒,才得以沉沉安睡。

她记得睡前在香炉里点了沉香,早起时,沉水香已燃成一炉灰烬,可是她的醉意还未消退。这是喝了多少呢?

丧事料理完毕,已是"落叶聚还散,寒鸦栖复惊"的深秋。触目凄凉,令她心绪崩溃,无法自拔。而作词,显然是当下最好的慰藉了。

  临高阁。乱山平野烟光薄。烟光薄。栖鸦归后,暮天闻角。
  断香残酒情怀恶。西风催衬梧桐落。梧桐落。又还秋色,又还寂寞。
——《忆秦娥》

登上高阁的词人,向远方眺望。只见连绵起伏的山峦,辽阔无垠的原野,笼罩在一层薄雾之中,落日正渐然收起最后一抹余晖,几只飞倦的灰鸦正准备归巢,呼朋唤友,叫声凄厉。远处的军营中,隐隐传来阵阵哀厉揪心的号角声，让这萧条荒凉的秋日黄昏显得更加凄旷悲壮。这兵荒马乱的时日，乌鸦尚知归巢，而她的家今在何方，家人又在何处？

香炉内的熏香已成灰烬，杯中未饮尽的酒也凉很久了。原本想借酒浇愁，谁承想几杯之后，心情却更加糟糕。

西风阵阵，吹落满地的梧桐叶子，哗哗作响。没有你的日子，心情也如这些枯黄而硕大的叶子，拾掇不起。

满树的桐叶已快落尽，秋色越来越深，寂寞如是。

十五年前花月底，相从曾赋赏花诗。
今看花月浑相似，安得情怀似昔时。
——《偶成》

又值中秋月圆、菊花飘香的季节，如此美妙的时光，如果你在就好了。

她记得，当年他们一起登楼望远，花前月下，煮酒，烹茶，斗诗，读书。现在菊花朵朵开，和往年一样繁盛灿烂，她却再难有那般愉悦、兴奋的赏月观花情致了。

那个立如兰枝玉树，笑若朗月入怀，那个为较个真儿，把自己关在房里，三天三夜作诗五十首的男子，再也听不到她吟花咏月的词句了。看花强忍泪，有明月，怕登楼。

悲从中来，不可断绝。欲将心事付诗书，肠断有谁听。

又是一个昏暗潮湿的下雨天，窗外芭蕉窗里灯，点点滴滴到天明，又是一个不眠之夜。

"一夜不眠孤客耳,主人窗外有芭蕉。"生于南方的芭蕉是古诗词中的常见意象。春天刚长出的蕉叶大都卷起来,像人敛起的愁眉。值夏秋之际,长大了的蕉叶枝肥叶阔,雨打芭蕉的潇潇之声,单调而悠长,如泣如咽,孤枕难眠的时候听起来格外凄恻冷寂,和诗人的易感多情相互契合。因此,芭蕉常被诗人用来表达孤独寂寞以及离愁别绪等凄苦心声。

李商隐有"芭蕉不展丁香结,同向春风各自愁"的酸楚心结;

李煜有"秋风多,雨相和,帘外芭蕉三两窠"的相思哀怨;

万俟咏有"一声声,一更更。窗外芭蕉窗里灯,此时无限情"的羁旅愁绪。

失去丈夫,漂泊异乡,孤枕难眠,起坐难平,听着窗外夜雨芭蕉的一声声空洞、寂寥之声,多愁善感的她产生强烈的共情:

窗前谁种芭蕉树,阴满中庭。阴满中庭。叶叶心心,舒卷有余情。

伤心枕上三更雨,点滴霖霪。点滴霖霪。愁损北人,不惯起来听。

——《添字丑奴儿·芭蕉》

北人,在这里特指中原南渡之人,他们背井离乡避祸江南,有家难回,有家不能回,这是一种深入肺腑的凄厉之痛。自避难江南后,去国怀乡的情愫一直蛰伏在李清照的心头,在这个雨夜,这种情愫由夜雨芭蕉再次生发和放大,且随着雨声愈来愈盛,挥之不去,不胜凄苦,让词人满怀愁情,欲罢不能。所谓"不惯",实则惶恐、怕听而已。

这首《添字丑奴儿》篇幅短小，用语直白且运笔轻灵，含蓄蕴藉而情思沉切，深得《漱玉词》之三昧。

建炎三年（1129）八月下旬，清照料理完丈夫后事，乘船返回池阳。

月前，虽内心焦灼，丈夫在，念想还在，心劲儿还在。

月末，还是这条水路，孤雁独飞，已无人牵系，再无人盼归。

江水滔滔，滚滚横流，恰似心中汩汩滔滔之酸楚滋味。加之舟车劳顿，秋之燥湿，她心情郁闷，几乎失去活下去的勇气。

可是，池阳那一车车的金石书画，那是他们夫妻毕生的心血，还在等着她去料理和守护；她自上船一直在怀里抱着的《金石录》，丈夫这一巨著的后续工作也需要她来善后。若是不负责任地一走了之，黄泉路上，她有何颜面面对先夫？思前想后，痛定思痛，她决定，要倾力活下去。

终究，她以坚忍的毅力，驱除病魔和心魔，挺了过来。

她不再让自己一味沉浸在悲伤里，她知道这样徒劳无益，她要保留着他们夫妻之前那么多的美好记忆，守护着他们的收藏，继续往后余生。

渡船抵达池阳后，踏上江岸的她形销骨立，如不胜衣。好在，留守的两位老用人确实忠义厚道，看管的数十箱未曾拆封的金石文物安然无恙，清照感激不尽。

大敌当前，形势紧迫，清照和池阳知州刘子羽商议后，考虑到任兵部侍郎的妹婿李擢此时正在江西洪州守卫隆裕太后及六宫嫔妃。那里远离战火,应该更安全一些,如果将这些珍贵文物送到洪州去,交给他代为保管,目前来看是最为可行的办法。

于是,郡守刘子羽帮助清照找到两位可靠的船主,清照再次托付两位老用人负责在船上押运看护。货船起航前,她千叮咛万嘱咐,让船家和老用人将两艘船上的文物、家私运往江西洪州当面交给李擢大人。

剩下的小件物品,如小篇幅的拓本和摹本,李白、杜甫、白居易、韩愈、柳宗元等诗文集的手抄本,从汉代至唐代石刻的副本,还有丈夫所谓的宗器,数十件夏商时代的鼎,以及赵明诚心心念念的《赵氏神妙帖》,清照留下来随身携带。随后,她又将丈夫的姬妾做以妥善安顿后,辞别知州刘子羽,原路返回建康。

谁知她刚刚离开池阳,池阳城就发生了重大变故。建炎三年(1129)秋末,金军横扫池阳,御前亲军寡不敌众,池阳沦陷。李清照惊闻此讯,甚感离开池阳一举,实乃不幸中的万幸。

岂知,值此乱世,世事难料。因隆裕太后和六宫一行太过声势浩大,金兵焉能舍弃这块肥肉,在后面穷追不舍,太后一行仓皇逃往虔州(今赣州)。金军铁蹄踏平洪州,放火屠城。覆巢之下焉有完卵,清照托付两位老用人从池阳运去的金石文物,才出虎口,又入狼窝,在战火中散为烟云。

此飞来横祸,让清照懊丧至极。丈夫尸骨未寒,他倾尽一生心血收藏的文物就这样丧失殆尽。若夫君地下有知,该会怎样心痛埋怨。她深感有失丈夫生前重托,身心俱损,大病一场,"仅存喘息"。

幸好还有弟弟李远在。是时,继母王氏已经过世,只剩下姐弟俩相依为命。

任敕局删定官的李远对姐姐清照也分外牵挂,他在宋高宗身边护驾,时有书信往来安慰。江南不再太平,建康是去不了了,走投无路之际,清照决定投奔幼弟李远。于是,孤苦伶仃又拖着病体的她,又一次遁入颠沛流离的逃亡之路。

屋漏更遭连日雨。这个时候,不知从哪里冒出一则关于"玉壶颁金"的传言,让她甚感惶恐,惊惧异常。

赵明诚卧病在床之际,一位叫作张飞卿的学士曾慕名而来,带来一只玉壶古器让赵明诚鉴定真伪。赵明诚和李清照夫妻二人均断定这不是玉壶,而是一只外形像玉的石壶。张飞卿告辞时带走了自己的玉壶,不久赵明诚去世。作为宋朝金石大家的赵明诚,其认知水准四海皆知,素常让他来鉴定器物的人来往很多。这件寻常小事,清照并未放在心上。

谁知竟有宵小之辈无中生有,造谣生事,言及张飞卿路过建康,探视生病的赵明诚,赵明诚曾将自己收藏的一只价值连城的玉壶交付给张飞卿,托他投献给金人,以此作为将来保命的赠礼。还扬言有臣僚正以"玉壶颁金"罪名,向朝廷检举、弹劾已故的赵明诚。

得知消息的李清照诚惶诚恐。欲加之罪,何患无辞?此莫须有之说,值此乱世,她一个妇道人家找谁为亡夫自证清白?便纵有一百张嘴,也说不清楚。

如若朝廷偏听偏信,判定通敌叛国之罪名成立,不但死去的赵明诚罪不可赦,要被革职除名,遗臭天下,甚至连李清照以及赵家的族亲都要受到牵连,招致杀身之祸。

丈夫尸骨未寒，怎能让他的清誉尽毁，让赵氏族亲蒙冤受屈。李清照考虑再三，果断决定携带家中所有贵重的青铜器物，赶赴宋高宗驻跸之地，将这些珍稀之物当面进献朝廷，以表赵氏一门的赤胆忠心。也免得让人觊觎惦记，恶意造谣中伤。

李清照是这样想的，也是这样做的。由于金军铁骑闻风而动，肆意横行，长江沿岸风声鹤唳，草木皆兵，南宋朝廷不得不辗转迁徙。紧紧追随朝廷御舟奔波的清照，不得不随时改变航向。奈何当她长途跋涉，千辛万苦奔赴越州（今浙江绍兴）的时候，宋高宗一行已经转移到明州（今浙江宁波）。然后又从明州奔逃到舟山岛，再乘渡船至台州。

建炎四年（1130）春，当李清照乘坐的船舶终于抵至台州，台州守臣晁公为竟弃城而逃，城内无首，秩序混乱，不能久留。而此时，高宗的官船早已过海至章安。此时的清照，数月飘零于河海，身心疲累到了极点，她也终于明白过来，她乘坐的民间船只怎能追得上畅行无阻的官家船舶，于是，她将船上携带的大部分文物寄存在剡州（今浙江嵊县），自己携带一些珍本，轻装简行。

麻绳专挑细处断，谁承想，不久后，剡州又发生兵乱。在平叛的过程中，这些青铜文物被兵卒悉数掠走。后来听说被一位姓李的将军据为己有。

又一重大损失。清照非常难过，却鞭长莫及，毫无办法。

末了，清照只好自我劝慰：落在他处的金石文物，能被妥善收存也就罢了，也算为它们找到安身之所，总比看着它们在自己面前被毁坏要好得多。

这叵测世间，明天和意外，谁知道哪一个先到来？

不过，经历了这一场舍命追随，"玉壶颁金"的谣言不攻自破。还了丈夫清白，清照终于长舒一口气。

第五节　痛斥伪齐

金石文物寄存于剡州后，卸去重物的小船轻快许多，它载着李清照一路漂洋过海，在章安镇终于追上了朝廷的官船。船舶靠岸时，清照见到了弟弟李迒。

李清照将这半年的悲辛坎坷讲给弟弟听，姐弟俩相对垂泪，万分沉痛。

宋高宗率众管在章安镇住了十多天，又闻金军迫近，几千人马惶急地登船过海逃往温州。

年年雪里，常插梅花醉。挼尽梅花无好意，赢得满衣清泪。

今年海角天涯，萧萧两鬓生华。看取晚来风势，故应难看梅花。

——《清平乐》

正值凛冽的严冬季节，往年的这个时候，青州的梅花开得最为繁盛。喜爱梅花的清照，常常会折下最娇艳的一枝梅花簪于鬓角，和夫君赵明诚相携到郊外踏雪寻梅，一起作诗酬唱赠答。虽然赵明诚为吟诗摘句搜肠刮肚每每苦之，但谦谦君子的他为不拂妻子美意，还是选择踏雪携行。那时的岁月，如枝上梅朵一样静谧安好。夫君去世之后，清照手里捋着蓉蓉梅朵，再也没有旧时赏梅时的欢喜，有且只有一襟怀念亡夫的清泪。

如今，漂泊天涯、远离故土的她已鬓发苍苍，两岸风急浪高，连梅花的影子也看不到了，一起看梅的人更找不到了。

这首《清平乐》，字里行间看似清平无澜，内里则暗流涌动。一个女子的一生，就这样承载在一树梅花数十载的花开花谢里，悲欣交集。

风急浪高，不只是海上风浪，还有战事风云。国破家亡，满满的身世之苦，使这首词的立意为之升华，足以动人。

动人，这是最好的注解。

建炎四年（1130）初春，宋高宗在海上漂泊至福州。由于金军不善于水上作战，考虑退兵。他们欲将在江南搜山检海抢掠的金银财宝从水路运输到中原。

这时，宋朝大将韩世忠已在镇江排兵布将，候敌多日。完颜宗弼带领的金军和韩世忠的韩家军在水上大战数十回合，韩军冲锋陷阵，骁勇善战，活捉完颜宗弼的女婿龙虎大王，金兵节节溃退，被围堵在黄天荡。黄天荡是长江上一条废置不用的断港，只能进去，不能出去。韩军封锁了出口,金军进退两难。完颜宗弼和韩世忠讲和,意欲将全部财务买通出路,被韩将军严词拒绝。为了尽快摆脱韩世忠军队,完颜宗弼重金收买奸细,趁着夜色挖通老鹳河,企图通过水上通道向建康方向逃亡。没想到在建康又遭到岳飞部下的强力追杀,完颜宗弼无奈又逃回到黄天荡。犹如困兽的完颜宗弼,听从一位姓王的卖国小人的计策,用火攻来对付韩军大船,金军才得以向北逃过长江,撤回中原。

黄天荡一战,韩世忠以八千人马,和号称十万的金军强势对垒,与之足足抗衡四十八天,金军死伤不计其数。虽最后以韩世忠失败告终,但虽败犹荣,江淮地区士气大振。自此,金人再不敢轻易过江。

建炎四年(1130)四月中旬,宋高宗率着众位大臣从温州抵至越州,结束近半年的流亡生涯。

而在中原腹地,金军还在继续胡作非为,一刻也没有安生。

为了加强对中原的傀儡统治,建炎四年(1130)七月,金军扶持投降的济南府郡守刘豫为伪皇帝,建国号齐,史称伪齐。消息传至江南,士人百姓义愤填膺,纷纷痛斥刘豫苟且偷生,沦为走狗为虎作伥。

李清照作《咏史》一首,借古讽今,直击刘豫毫无廉耻的卖国行径:

两汉本继绍,新室如赘疣。
所以嵇中散,至死薄殷周。

李清照博古通今，文史典故拈来成诗。这首五言绝句借用的就是西汉、东汉、王莽新朝、嵇康以及商朝、周朝的史实。

绍是继承的意思。清照认为，东汉继承西汉，南宋承接北宋，这本是历史自然更替，正统衣钵的传承。王莽建立的新朝和现在金人建立的伪齐政权，不过犹如一个人身上生长的没有用处的肉瘤，毫无价值可言。

清照讲，魏晋名士嵇康恃才放旷，至真知性，从来瞧不起以武力建立商朝和周朝的商汤和周武王，所以才不齿投降司马氏，并作《与山巨源绝交书》，痛斥为伪朝卖力的昔日好友山涛，以一曲《广陵散》绝唱，慷慨就义，誓死不屈。

在诗中，李清照用王莽新朝比喻伪齐政权，以嵇康之大义来鞭笞刘豫等卖国求荣之丑行。读起来斩钉截铁，颇有男儿倜傥之气，获得世人推崇。朱熹大儒就曾大发感慨："中散非汤、武得国，引之以比王莽。如此等语，岂女子所能？"后世王世贞亦大加赞赏："'所以嵇中散，至此薄殷周'，易安此语虽涉议论，是佳境，出宋人表。"

从小跟着父亲读书长大的清照，骨子里深潜着修身、齐家、治国、平天下的气度，对时局，对国家，始终怀着一份挥之不去的情结。《咏史》和《夏日绝句》同为咏史佳作。

最难得的是，历经几多风浪跌宕，李清照还是当初那个大笔如椽、泼墨挥毫"君不见惊人废兴传天宝，中兴碑上今生草"的有思想、赤诚又敢为的"少年"。

丈夫亡故，孤苦无依的词人知音难遇，欲诉无门，常常借助寄梦的形式,倾吐万丈豪情,一浇心中块垒。

> 天接云涛连晓雾,星河欲转千帆舞。仿佛梦魂归帝所,闻天语,殷勤问我归何处。
> 我报路长嗟日暮,学诗谩有惊人句。九万里风鹏正举。风休住,蓬舟吹取三山去。
> ——《渔家傲》

这首《渔家傲》气势磅礴,音调豪迈,境界开阔,于李清照婉约词中一枝独秀,是李词中少有的集浪漫与豪放一体的名篇佳作,历来备受瞩目。

词人以奇妙的构思入笔,采用梦游的方式,借助人神对话,传情达意,倾诉隐衷,将自己海上流亡之路的真实感悟融入景象壮阔的梦境之中,为读者展示出一幅梦幻与生活、历史与现实、虚实结合的壮丽画卷,倾吐了自己怀才不遇、身世坎坷、奋力挣扎的苦闷与不幸,抒发了对光明和自由的热烈追求和向往,表达了词人对南宋朝廷苟且偷安、不思进取的强烈愤懑与失望。

读这首词,会让你的胸腔里顿生一股豪气,遥想跟着词人一起"九万里风鹏正举""蓬舟吹取三山去"。不言而喻,这是词人最满意的效果。

伪齐建立后,金军更加猖狂,采用围攻的战略手段,攻下楚州。虽然此时有岳飞等主战派的誓死捍卫,但高宗赵构并没有收复中原之决心,他采用投降派秦桧的建议:"如欲天下无事,南自南,北自北。"向金军提出议和。因岳飞带领的岳家军同仇敌忾,作战勇猛，屡屡出奇制胜，让金军不敢轻视，再加上黄天荡之战让他们心有余悸，不敢轻易渡江。南宋朝廷的议和政策正中下怀。一段时间，宋、金相安无事。

难得的和平的阳光普照江南大地，宋高宗不用东躲西藏，终于可以堂而皇之地登堂入室做一回皇帝。

1131年，宋高宗改元绍兴，取中兴之意，并下诏改越州为绍兴府。宋高宗希望在此中兴帝业，重建大宋王朝。绍兴这个年号沿用三十余年。

绍兴元年（1131）三月，清照回到了绍兴府。

江河日下，风雨飘摇，绍兴府的日子并不太平。寄存在剡州的青铜器物被掳掠一空后，清照将剩余的七箱书画悉加保管，生怕再有闪失。在绍兴府，清照租住在一户姓钟的人家家里，她将这七个箱子放在卧室看得见的地方，朝夕守护，才觉安心。

殊不知，生逢乱世，盗贼的伎俩让清照防不胜防。一天深夜，竟有贼人在卧室的墙壁后凿了个洞，将五箱书画从洞中偷取。清照在暗夜中听见响动欲起身喝止，奈何一个带病的、行动迟缓的孀居老妇有何威力，终让贼人得逞。

李清照痛惜不已，她明白这些盗贼要的是钱，于是在街邻张贴告示，愿意花重金收取书画故纸。过了两日，果真有邻人钟复皓拿出十八轴书画前来求赏。清照意识到这个姓钟的就是偷取书画的盗贼，却苦于拿不出证据。她向钟复皓求取其他书画，但钟复皓再也不肯拿出。过了很长一段时间，清照才知道被盗的书画被一位姓吴的书法家廉价收购，带去福建任上了。自此，清照再也没有见到丢失的那些书画。

经过这次劫难，留在李清照身边的古画卷轴已不足过去的十之一二，且零碎不成册，价值平庸。清照非常痛心，很长时间不能释怀。

是的，令李清照不能释怀的，不仅是这些字画文物的稀贵，而是它们从收购到收藏，再到战乱时期大费周章地辗转护送，其中凝聚的她和丈夫的半生心血，还有和这些字画文物缔结的人的离合悲欢。燕尔新婚时，丈夫和她相携到相国寺搜寻古玩碑刻，不惜典衣倾囊购买，回家后吃着果子相对展玩的岁月静好；青州屏居，书橱里经史子集堆积如山，夫妻二人赌书泼茶的快乐开怀；江宁寓所举烛共读、归类整理、校勘题签的志同道合。所有如神仙眷侣的日子，都和这些金石文物息息相关。如今，却要永远地失去了。

令李清照不能释怀的，还有心底的抱屈。假如丈夫健在，以他的名望和地位，断不至于被人欺侮算计，不至于不明不白地遗失这么多倾尽毕生心血收藏的金石书画。

风定落花深，帘外拥红堆雪。长记海棠开后，正伤春时节。

酒阑歌罢玉尊空，青缸暗明灭。魂梦不堪幽怨，更一声啼鴂。

——《好事近》

又是一个暮春时节，帘外的风停了下来，一夜之间，海棠树下落花无数，粉的粉，白的白，拥红堆雪，不禁勾起了清照对往事的回忆。

犹记少女时代的她，一首"试问卷帘人，却道海棠依旧。知否知否，应是绿肥红瘦"让她名动汴京，也叩开太学生赵明诚的心扉，于是有了"言与司合，安上已脱，芝芙草拔"的良苦用心，缔结了赵李二人夫唱妇随的金玉良缘。然而，二十八年的相处太短，如今斯人已去，独留下她一个人，茕茕孑立，形影相吊。

孤灯独对的词人，喝了一点点酒，吟唱着旧日的诗，顾影自怜。心中的幽怨早已让她夜不成寐，谁知，远处又传来一声声凄厉高亢的杜鹃啼血的哀鸣。

"人禀七情，应物斯感。感物吟志，莫非自然。"

总是在不经意间叩开记忆大门，总是在一刹那间被某种伤感击中。此中滋味，一切尽在不言中。

卷七 我已沉静,那么多沉重岁月

第一节 所遇匪人

因杭州毗邻东海,地理位置优越,一旦金军过江突袭,可以就近入海,逃难非常方便。另外,杭州自古就被称为"人间天堂",风景秀丽,富甲一方,令宋高宗对杭州格外偏爱。

绍兴二年(1132)正月,宋高宗从越州再次回到杭州,将其升为临安府。此后,临安便作为南宋的行在(临时首都)而存在着。

然而,国难当头,上自帝王将相,下至达官显宦、富商大贾,他们既没有卧薪尝胆、奋发图强之决心,也没有灭金雪耻、收复中原之斗志,而是苟且偏安,纸醉金迷,在杭州行在修宫殿,造楼观,建会馆,奢靡腐化,歌舞升平,"暖风熏得游人醉,直把杭州作汴州"。

李清照跟随弟弟李迒寓居杭州,结束了之前颠沛流离的流亡生活。

生活总算安定下来。弟弟李迒每天公务繁忙,孤寂的寓所里,只有一个老用人和她朝夕相伴。好在,还有几箱不离左右的书册,还有一阕可以纵横开阖的诗篇,还有天马行空的梦,为她解忧纾怨。

这个正月,依旧寒风入骨。报春的梅花早早开了,开得满枝满树,没心没肺。

> 藤床纸帐朝眠起,说不尽、无佳思。沉香断续玉炉寒,伴我情怀如水。笛声三弄,梅心惊破,多少春情意。
> 小风疏雨萧萧地,又催下、千行泪。吹箫人去玉楼空,肠断与谁同倚。一枝折得,人间天上,没个人堪寄。
> ——《孤雁儿》

此词前有小序:"世人作梅词,下笔便俗。予试作一篇,乃知前言不妄耳。"

江南梅花驰名于世,诗人赏梅、赠梅、咏梅,不过提笔即是借梅抒怀旧之思。清照觉得未免太俗,想独出机杼一首。

词人写,时已初春,她从藤床纸帐中醒来,心里有着说不上来的落寞与感伤。香炉内的沉香已经快燃烧殆尽,在时断时续的香气中,她的心绪如水沁凉,寒意顿生。不远处,从谁家的窗户里传出《梅花三弄》的笛子乐曲,曲子太过悲凉,吹破梅心,花瓣碎碎而开。春天来了,带来梅开,带来花香,带给词人的却是无底的幽怨。

细雨潇潇,淅沥地下个不停,倚窗听雨、赏梅的词人也跟着泪流不止。吹箫的人已经远去,只剩下空荡荡的玉楼,楼下空落落的梅枝,心心念念的人不在,这份肝肠痛断的愁苦还能向谁倾吐?

"吹箫人去玉楼空",继续沿用萧史、弄玉之典故,喻指赵明诚与词人。

晋代诗人陆凯有"折梅逢驿使,寄与陇头人。江南无所有,聊赠一枝春"。江南的梅花又开在枝头,原本期望着像陆凯赠范晔那样,折下一枝梅花,送给思念的人。奈何人间天上,四顾茫茫,没有人可堪寄赠。

又逢初春,又遇梅开。落笔纸上,词人亦被梅心惊动,身陷无法释怀的绵绵长恨之中,"乃知前言不妄耳"。

词人以"孤雁儿"作词牌填词,落笔之际,盖心意已见。

日子就这样苦苦挨着,一天又一天,梅花落了,蔷薇开了。

> 春残何事苦思乡,病里梳头恨最长。
> 梁燕语多终日在,蔷薇风细一帘香。
>
> ——《春残》

暮春时节,房梁上的两只燕子双宿双飞,终日呢喃。帘子外,一架蔷薇怒放,风一吹,满屋都是蔷薇花的芳香。院子里鸟语花香,春光依旧撩人,为什么她却时不时想起被金军铁蹄践踏的故土。想起满目疮痍的家园,再也见不到的亲人,心头就升起无边的惆怅。让病中的她,更加虚弱倦乏,早上梳洗时,竟也恼恨自己的头发留得过长,无力打理。

虽然丈夫已经离去三个年头,孀居的李清照却一直沉浸在家破夫亡、金石遗失的悲恸之中。失去精神支柱的她无法自拔,备受病痛折磨,形销骨立,精神萎靡。弟弟李远为姐姐寻医问药,殷勤照拂，清照的病却未见好转，且每况愈下。

清照嘱托弟弟李迒为自己准备后事，弟弟含泪答应，连封棺用的铁钉、石灰等都已置办妥当了。

这个时候，一个男人闯进她的生活，这个人就是张汝舟。

张汝舟是有备而来的。他带来一幅字画请李清照帮着品鉴，自我介绍说自己早年为池阳小吏，在池阳曾一睹过赵湖州的仙姿玉质，对赵李夫妻二人的金石研究成就钦佩至极，这次调任杭州，乃慕名而来，特请赵湖州夫人给予提携。

看到来人以极其恭敬、赞佩的语气提及丈夫赵明诚，李清照心里倍感宽慰。又看来客侃侃而谈金石文物，并且颇有自己的想法，清照遂生亲切之感。自从丈夫去世之后，她已很久没有一起赏玩金石文物的朋友了。

之后的日子里，张汝舟时常到清照的寓所里做客，或带来卷轴，或带来一幅碑帖，美其名曰请教高人品鉴雅赏。

人最怕投其所好，清照亦是凡人。随着张汝舟的频繁来访，她的精神渐渐有了起色，再次投入到赏玩研磨古玩字画之趣的欢乐里。

其后，张汝舟会带来清照喜欢的小零食、笔墨纸砚等小物件，对身体羸弱的清照嘘寒问暖，关怀备至。

来往一月有余。有一天，张汝舟竟破天荒地托媒婆前来保媒，并送来证明自己身份的官家文书，让清照大为惊悸。其间，张汝舟眉飞色舞，花言巧语，扬言爱慕清照名门闺秀的身份，爱慕清照享誉朝野的才华词名，爱慕清照深厚的金石学功底。赵湖州去世之后，她孤苦伶仃，身染重病，他看到后特别痛惜心疼，祈求来照顾她余生，同修百年之好。洋洋洒洒，一副情深义重的口吻。

清照颇为犹豫。她联想到自丈夫去世后这三年时间里，自己孤身一人，带着十五车金石文物，颠沛流离，亡命天涯。除了遭受战乱洗礼，还要被人坑骗欺侮。飘如浮萍的她，身边如果有个男人可以时时依靠，和她一起打理守护，那么多耗尽半生心血收藏的珍稀文物不至于散佚殆尽，不至于辜负亡夫重托。

另外，已入暮年的她百病缠身，身边老用人也年迈力衰，仅仅依存公务繁忙的弟弟李远，实在太不方便，也让弟弟李远的负担太重。她亦渴望有个安身之所可以栖迟，疗养身心，晚年有靠。

再者，张汝舟进士出身，又有古玩字画之雅好，也算和自己喜好相通，有些共同语言。

李清照和弟弟李远商量。李远考虑到张汝舟乃朝廷命官，就利用职务之便，对张汝舟的身世进行了调查。谁知，巧之又巧，命中有劫概不能躲。朝中官吏中竟有两个张汝舟，此张汝舟，乃浙江归安人，军中行伍小吏，大小算个进士，粗通文墨。而李远查到的是另一个张汝舟的履历身份，彼张汝舟，昆陵（今江苏常州）人，崇宁五年进士，宣和五年知越州郡绍兴府。进士加持太守身份，降尊纡贵，因爱慕才华，怜香惜玉，和年已半百的女词人谈婚论嫁，成就一段佳话，有什么理由拒绝？

于是，姐弟俩被彼张汝舟巧舌如簧的说辞打动，轻信匪人，做出了错误的判断和决定。不久，张汝舟让媒婆送来官家文书以及玉镜台等订婚信物，意即明媒正娶。绍兴二年（1132）五月，亡夫三载，四十九岁、鬓已苍苍的李清照再嫁张府。

成婚不及百日，张汝舟就露出狰狞面目。清照惊呼上当，才知她和弟弟李迒受到了这个卑劣小人的蒙骗,她为这一段匆促而就的婚姻痛苦不安。

而张汝舟亦大呼受骗,认为自己同样被坊间传言蒙蔽,成婚后才识得庐山真面目。所谓的才女词女,不过一个寻常刻板的苍老病妇,既无钱无色,还小心戒备,像守财奴一样看护着她带来的"宝贝"。而这些她眼里的"宝贝",不过区区几个被层层上锁的普通樟木箱子,所谓的价值连城的金石文物,实在是一个笑话。

原来,建炎三年(1129),李清照和赵明诚抵达池阳的时候,他们携带的两千多件金石文物、两万多册碑帖、字画,被池阳百姓广为传颂。这些消息不胫而走,让池州小吏张汝舟垂涎三尺。他到杭州后,得知赵明诚的遗孀李清照也在杭州,且缠绵病榻,时日不多,遂产生强烈的觊觎心理,便以婚姻做诱饵,企图占有李清照的藏品。无奈,李清照像保护自己的眼睛一样保护着自己的收藏品,张汝舟自然无法得逞。

于是,撕下伪装的张汝舟竟采取强硬手段,逼问李清照其余古董珍宝的下落,是否藏匿别处,或者由其弟弟代为保管。李清照冷眼相对,对他的胁迫置之不理。张汝舟恼羞成怒,遂对病痛在身的李清照施以暴力,拳脚相向,欲置清照于死地,图谋她所剩无几的收藏。性格刚强的李清照宁死不屈,绝不允许心术不正的匪人得偿心愿。

至此,李清照才清醒地意识到,先夫赵明诚的生活品位、文化造诣和道德修养,以及对李清照的情感投入,与才疏学浅、品行恶劣的张汝舟相比,简直是云泥之别。

眼里容不下沙子的她,怎能与如此粗鄙之人共度朝夕?

况且，张汝舟已经动了杀人夺宝之心，处境危在旦夕。她势必要快刀斩乱麻，早日摆脱这不幸的婚姻，离开是非之地，以免后患无穷。

鬼谷子言："于事度之往事，验之来事，参之平素，可则决之。"意即遇事要先推度以往的事，然后考虑未来的事，再参考日常的事，就可以做出决断。

在利害攸关之时，李清照不犹豫，不迟疑，有着能做自己的自由和敢做自己的胆量。

第二节　离异风波

《礼》曰:"夫有再娶之义,妇无二适之文,故曰:夫者,天也。天固不可逃,夫固不可离也。"

家暴自古就有,现今《民法典》里有专门保障女子合法权益的条例,古代女子可没有这么幸运。那时候,婚姻的自主权完全掌握在男人手中,女子提出离婚绝不像现代这样容易。

按照宋朝律法,女子不得主动提出离婚,甚至更为苛责地规定,对那些未经丈夫同意而擅自离家出走的女子,要给予两年拘役的惩处。

即便这样,也没有动摇清照离婚的念头。性格倔强的她,志比钢坚,她决心自救,破釜沉舟,尽快逃离危机四伏的生活,将命运掌控在自己手中。

李清照同张汝舟共同生活期间,有一次,志得意满的张汝舟醉酒后口吐妄言,竟在李清照面前炫耀自己当年如何运筹帷幄,采用

"大智慧",虚报了参加乡试次数,从而功成名就。说者无意,听者有心,心中大骇的李清照遂记下了他这一恶行。

李清照将此信息告知弟弟李迒,李迒经过仔细查询,终于弄清这个张汝舟的来历,此张汝舟并非进士及第。重文轻武的大宋朝,对文人考取功名有一项特别的激励政策,参加一次乡试或者省试,称为一举。为了安抚天下读书人,若连考五年皆不中的话,可赠进士出身。张汝舟就是通过这样一考再考来获取进士出身的。"妄增举数入官"本是欺君之罪,如果罪名成立的话,张汝舟将被绳之以法,受到相应的惩处。

按照宋朝刑律规定,妻子状告丈夫,即使坐实,也要被判处两年牢狱之灾。孤注一掷的李清照毫不退缩。

绍兴二年(1132)八月,李清照毅然和张汝舟对簿公堂,向大理寺举报张汝舟行为不端、欺君罔上,犯下"妄增举数入官"之大罪,请求严惩其恶劣行径。

大理寺先依照刑律以妻告夫的名义将李清照羁押在牢。因张汝舟是朝廷命官,需要皇帝亲自下诏进行处置。这实在是一件麻烦事,如果中间环节推诿拖沓,牢狱中的李清照性命堪忧。幸亏亲戚们极力斡旋,翰林学士綦崇礼是赵明诚的妹夫,位高权重,在皇帝身边负责起草诏书,得益于他施以援手,主持公道,李清照入狱九天后即被无罪释放,而张汝舟也得到相应的惩治,被开除官籍,流放至偏远的柳州。

南宋律法规定:"已成婚而移乡编管者,其妻愿离者,听。"即允许妻子在丈夫因触犯律法被"移乡"或"编管"的情况下,单方面提出离婚。就这样,顺理成章,李清照恢复了自由身。

出狱后，李清照以《投翰林学士綦崇礼启》的书函向綦崇礼表示特别感谢：

清照启：

素习义方，粗明诗礼。近因疾病，欲至膏肓，牛蚁不分，灰钉已具。尝药虽存弱弟，应门惟有老兵。既尔苍皇，因成造次。信彼如簧之说，惑兹似锦之言。弟既可欺，持官文书来辄信；身几欲死，非玉镜架亦安知。僶俛难言，优柔莫诀。呻吟未定，强以同归。

视听之分，实难共处，忍以桑榆之晚节，配兹驵侩之下才。身既怀臭之可嫌，惟求脱去；彼素抱璧之将住，决欲杀之。遂肆侵凌，日加殴击，可念刘伶之肋，难胜石勒之拳。局天扣地，敢效谈娘之善诉；升堂入室，素非李赤之甘心。

外援难求，自陈何害，岂期末事，乃得上闻。取自宸衷，付之廷尉。被桎梏而置对，同凶丑以陈词。岂惟贾生羞绛灌为伍，何啻老子与韩非同传。但祈脱死，莫望偿金。友凶横者十旬，盖非天降；居囹圄者九日，岂是人为！抵雀捐金，利当安往；将头碎璧，失固可知。实自谬愚，分知狱市。此盖伏遇内翰承旨，搢绅望族，冠盖清流，日下无双，人间第一，奉天克复，本缘陆贽之词；淮蔡底平，实以会昌之诏。哀怜无告，虽未解骖；感戴鸿恩，如真出己。故兹白首，得免丹书。

清照敢不省过知惭，扪心识愧。责全责智，已难逃万世之讥；败德败名，何以见中朝之士！虽南山之竹，岂能穷多口之谈；惟智者之言，可以止无根之谤。高鹏尺鹞，本异升沉；火鼠冰蚕，难同嗜好。达人共悉，童子皆知。愿赐品题，与加湔洗。誓当布衣蔬食，温故知新。再见江山，依旧一瓶一钵；重归畎亩，更须三沐三薰。忝在葭莩。敢兹尘渎。

在信中，李清照首先阐述了自己再嫁的原因及不幸遭遇，对以骗财为目的而"骗婚"的张汝舟进行了无情的揭露。文章典实密集，却毫无堆砌和艰涩之感，跌宕多姿，情辞恳切。

"抱璧之将往"，春秋时期，卫国内乱，戎人乘虚而入，卫庄公被俘，落入戎人己氏之手。卫庄公拿出玉璧，百般乞求己氏能放他一条生路。己氏毫不留情，一脸狂妄地说："我杀了你，玉璧还能跑到哪里去？"于是，挥刀要了卫庄公的性命，得到玉璧。李清照以此典故来表明张汝舟要置她于死地，为了得到她收藏的古玩字画的狼子野心。

"刘伶之肋"，魏晋名士刘伶，乃竹林七贤之一，其嗜酒不羁，有"醉侯"之称。一天，刘伶在闹市饮酒时与一武夫争执，那人卷起袖子挥拳要打刘伶，刘伶伸出手臂道："我瘦得像鸡肋，可不能保证你的拳头打得舒服。"惹得众人一顿哂笑，那人感到很没面子，掉头走开。清照以此来指自己体弱力薄，不是张汝舟的对手。

"石勒之拳"，石勒乃十六国时期后赵开国皇帝，体型壮硕威武，小时候经常和邻居李阳为争抢沤麻的池子打架。石勒称王后，派人找来发小李阳，与他开怀畅饮并互相戏谑：小时候我没少挨你的老拳,你也饱尝过我的毒手。这里指张汝舟经常对清照拳脚相向,施以暴力。

"局天扣地"出自《诗·小雅·正月》:"谓天盖高,不敢不局;谓地盖厚,不敢不蹐。"《后汉书·仲长统传》亦有:"当君子困贱之时,局高天,蹐厚地,犹恐有镇压之祸也。"意思是说,天虽然很高,却不得不弯下腰;地虽然很厚,却不得不小步行走。这里用此典故表示自己处境非常困窘,恐惧之至。

谈娘,又叫踏摇娘,在《乐府杂录》中记载:隋朝末期,有一个相貌丑陋且酗酒的男人,自号郎中,喝醉之后就发酒疯殴打他的妻子。他的妻子人长得漂亮,并且能歌善舞,将自己受到的委屈向别人倾诉,悲愤之声婉转如歌,如泣如诉,伴随着肢体在悲恸之中的大幅度摇摆,犹如歌舞,被有好事者呼为踏摇娘。

李赤,见唐柳宗元《李赤传》,李赤到宣州游历,为厕鬼迷惑,遂认厕鬼为容貌美丽的妻子,以如厕为由升堂入室,进入富丽宏大的殿堂,友人相劝无效,最终死于厕所。李清照以此典喻指自己的二次婚姻,以己清白之身,嫁给张汝舟这样一个肮脏低劣的市侩小人,就像李赤进了厕所一样。

清照明白,打官司这件事很难得到别人的帮助,她着重讲了打这场官司的艰难不易。她戴着脚镣手铐与凶恶的张汝舟当堂对质,就像贾谊羞于与粗鄙的武夫周勃、灌婴为伍,老子不屑和持歪理邪说的韩非子放在同一篇章里作传一样。

接下来是对綦崇礼表示感谢的溢美之词,她将望族出身的綦崇礼誉为"冠盖清流,日下无双,人间第一",比作唐朝的陆贽和李德裕,这两个人都是曾为皇帝起草诏书的名臣,和綦崇礼身份匹配。

再婚离异这件事让李清照心有余悸，她发誓从此以后穿布衣，吃素食，安贫乐道，归隐田园，每日沐浴熏香，谨言慎行，时时深自省察，绝不再招惹是非，不再给自己和亲戚增加麻烦。

其实，李清照再嫁这件事，在当时并没有受到多少非议。

宋代女性再嫁之风盛行，无论皇族宗亲、名门望族还是普通百姓，都有寡妇再嫁的现象，妇女离婚再嫁的现象也不少。南宋洪迈《夷坚志》一书中，就记载了六十多名妇女改嫁的事例。

譬如，宋仁宗的曹皇后，先嫁李氏，后来才嫁与仁宗皇帝，成为慈圣光献皇后。范仲淹的父亲去世很早，他的母亲迫于生计，改嫁长山朱氏，小范仲淹遂更名朱说，直到中进士后，才向皇帝申请认祖归宗。陆游的前妻唐琬，因陆母不满被休后，由家人做主，嫁给了都城绍兴府皇家后裔同郡士人赵士程，才有七年后沈园的惊鸿照影，两阕凄美哀怨的《钗头凤》的千古绝唱。

所以，让李清照倍感蒙羞含耻的，不是因为她晚年改嫁，而是因为所嫁匪人，玷污了一生清誉，败坏了自己的道德、名声，沦为后世笑柄。在书信中，李清照声称自己是清白的、高洁的，流言止于智者，只有高士能够洗刷屈辱。她恳请綦崇礼这样的智者和高士能够理解自己，并在外界为自己辩污。

正如李清照心中所忧，随着理学的兴起和发展，女性受到的压迫和束缚愈发深重。在这种社会大背景之下，李清照的遭遇受到同时代和后世学者的嘲讽和诟病。晚年的王灼曾在其词曲评论笔记《碧鸡漫志》中评价说"赵死，再嫁某氏，讼而离之。晚节流荡无归"。朱彧在《萍州可谈》中又批又叹："然不终晚节，流落以死。

天独厚其才而啬其遇，惜哉。"胡仔在《苕溪渔隐丛话》中更是口无遮拦："易安再适张汝舟，未几反目，有《启事》与綦处厚云：'猥以桑榆之晚景，配兹驵侩之下材。'传者无不笑之。"

抑或，在这些狭隘的男性文人心里，怕不只是程朱理学在作怪，更多的则是酸葡萄的滋味在作祟吧。

第三节　怜念苍生

李清照和张汝舟这段婚姻，虽然只持续了三月之久，却成为她穷其一生都难以走出的噩梦。

这件事给她很大的打击，同样也激起了她的斗志，向死而生，她终于不再颓衰，不再纠结过往，有了居家过日子的精气神儿。她读书写诗，观月赏花，身体也一天天地康复起来。

> 病起萧萧两鬓华，卧看残月上窗纱。豆蔻连梢煎熟水，莫分茶。
>
> 枕上诗书闲处好，门前风景雨来佳。终日向人多酝藉，木犀花。
>
> ——《摊破浣溪沙》

绍兴二年（1132）八月上旬，结束了一场惊心动魄的诉讼，李清照病体初愈，心情轻松了许多。

她说，华发满头，鬓已飞霜，何必再去管它。不过三千烦恼丝，白就白吧，老且老吧，月亮不也有阴晴圆缺？

今夜，浮在空中的就是一弯残月。躺在床上，看着半个月亮一点点移上纱窗，柔和地投下一地银色清辉，很安静，很明亮的样子。

锅里煮着豆蔻熟水，卧房里弥漫着隐隐的药香。她记得，小时候母亲常对她讲：酽茶寒凉，不宜多饮。将白豆蔻壳洗净，投入沸汤瓶中煮水，行气、化湿、温中、和胃，是温补良药。那时的清照，颇不以为然。如今到了母亲的年纪，才识得其妙。端起药钵，抿一口豆蔻熟水，满满都是母亲的味道。

养好了精神，也就有读书写诗的闲情了，门前的景色，连同雨声都有了跳跃的声色。窗前的木樨花，毫不张扬地悄悄绽开一小朵一小朵黄米粒儿，嗯，它的香气是藏不住的。

是的，自渡即自愈，一个人最放松的时候，就是什么也不多想，不费力迎合，不刻意躲避，让身心处于最自然淡泊的状态，心无所待，随遇而安。

不过，关于家国，关于时局，终是她放不下的牵念。

绍兴三年（1133）五月，宋高宗派签枢密院事、吏部侍郎韩肖胄和工部尚书胡松年出使金国，去慰问被囚的徽、钦二帝，同时探听金人之虚实。

韩肖胄的曾祖父韩琦曾辅佐仁宗、英宗、神宗三朝，为相十载，其祖父韩忠彦在宋徽宗建中靖国年间为相，均是社稷之重臣。李清照的祖父和父亲皆出自韩公门下，两家亦多有来往。

某个冬日的初六,是韩肖胄母亲文氏的生日,文氏的祖父是北宋名相文彦博,文氏曾被朝廷封号为南昌夫人,李清照带着礼物到韩府的寿宴祝贺,并写词祝寿:

微寒应候,望日边、六叶阶蓂初秀。爱景欲挂扶桑,漏残银箭,杓回摇斗。庆高闳此际,掌上一颗明珠剖。有令容淑质,归逢佳偶。到如今,昼锦满堂贵胄。

荣耀,文步紫禁,一一金章绿绶。更值棠棣连阴,虎符熊轼,夹河分守。况青云咫尺,朝暮重入承明后。看彩衣争献,兰羞玉酎。祝千龄,借指松椿比寿。

——《长寿乐》

在寿词中,她写南昌夫人出身名贵,家世显赫,且姿容不俗,善良贤淑,天赐良偶。如今子孙承欢膝下,个个都很出息。家庭成员位列三公,成为朝中重臣。更可喜的是老夫人的两个儿子为皇帝所倚重,且福荫不断,直上青云,未来可期,同时祝贺南昌夫人与松椿同寿,长命百岁。

韩肖胄出使金朝,乃关乎国家命运的大事件,所以李清照写诗送行。

在诗中,清照谦恭地讲,如今李氏一族家世沦替,子姓寒微,不便去拜见他们。她说自己虽年已半百,贫病交加,但神明不曾衰弱,听到这个大号令,不能忘言,提笔作诗,以拳拳之心,区区之意,为韩肖胄和胡松年二公壮行:

三年夏六月,天子视朝久。
凝旒望南云,垂衣思北狩。
如闻帝若曰,岳牧与群后。
贤宁无半千,运已遇阳九。
勿勒燕然铭,勿种金城柳。
岂无纯孝臣,识此霜露悲?
何必羹舍肉,便可车载脂。
土地非所惜,玉帛如尘泥。
谁当可将命,币厚辞益卑。
四岳佥曰俞,臣下帝所知。
中朝第一人,春官有昌黎。
身为百夫特,行足万人师。
嘉祐与建中,为政有皋夔。
匈奴畏王商,吐蕃尊子仪。
夷狄已破胆,将命公所宜。
公拜手稽首,受命白玉墀。
曰臣敢辞难,此亦何等时!
家人安足谋,妻子不必辞。
愿奉天地灵,愿奉宗庙威。
径持紫泥诏,直入黄龙城。
单于定稽颡,侍子当来迎。
仁君方恃信,狂生休请缨。
或取犬马血,与结天日盟。
胡公清德人所难,谋同德协必志安。

脱衣已被汉恩暖，离歌不道易水寒。
皇天久阴后土湿，雨势未回风势急。
车声辚辚马萧萧，壮士懦夫俱感泣。
闾阎嫠妇亦何知，沥血投书干记室。
夷虏从来性虎狼，不虞预备庸何伤。
衷甲昔时闻楚幕，乘城前日记平凉。
葵丘践土非荒城，勿轻谈士弃儒生。
露布词成马犹倚，崤函关出鸡未鸣。
巧匠何曾弃樗栎，刍荛之言或有益。
不乞隋珠与和璧，只乞乡关新信息。
灵光虽在应萧萧，草中翁仲今何若？
遗氓岂尚种桑麻，残虏如闻保城郭。
嫠家父祖生齐鲁，位下名高人比数。
当时稷下纵谈时，犹记人挥汗成雨。
子孙南渡今几年，飘零遂与流人伍。
欲将血泪寄山河，去洒东山一抔土。

——《上枢密韩肖胄诗二首·其一》

这首古体长诗共八十句。诗的开端，首先交代了宋高宗派遣韩肖胄和胡松年出使金国的原因：思念"北狩"的父兄，表达孝心。李清照对皇帝为尽孝而一味求和的做法并不赞同，旗帜鲜明地表达了自己的心声，她反对轻易地割地赔款，将大宋城池、领地拱手他人，不赞成使臣唯唯诺诺、卑躬屈膝地求取合盟。她希望南宋王朝的将士能像东汉名将窦宪那样，北破单于；能像东晋宰相桓温那样，北伐收复故土。

在诗中，李清照对韩肖胄的人品和才能予以高度肯定，将他比作唐朝的李揆、韩愈，希望他像郭子仪和汉代的王商一样，不卑不亢，机敏果断地与外邦交涉，令天下信服。勉励韩肖胄和胡松年二公不辱使命，以国家利益为重，出色地完成出使任务。她还叮嘱韩肖胄二人要提防金人的狼子野心，要时刻警醒，防患于未然，确保人身安全。请求二位公使大人带回中原的消息，汴京的胜迹是否还在？先人的坟前是什么景象？水深火热之中的中原百姓是否还能农耕以养家糊口，城郭里是否还有敌军在驻扎把守？诗人对中原失地百姓生活的密切关注之情溢于言表。最后，诗人以一个流亡嫠妇的身份铿锵发声："欲将血泪寄山河，去洒东山一抔土。"愿将自己的一腔血泪奉献给国家，抛洒在故土齐鲁大地上，表达了诗人反抗侵略、热爱桑梓、舍身保国的强烈愿望。

这则长诗用典颇多，一则表现了李清照学识丰富，也体现了她复杂纷纭的内心世界，她想用诸多的史实，将诗人的崇敬与忧虑、关切与希望，在叙事与抒情的有机结合中，淋漓尽致地表明态度，彰显诗词背后的用意，可谓用心良苦。

除了这首古体长诗，另有一首七言律诗，再次表达了诗人对南宋朝廷妥协政策的讽刺：

想见皇华过二京，壶浆夹道万人迎。
连昌宫里桃应在，华萼楼前鹊定惊。
但说帝心怜赤子，须知天意念苍生。

圣君大信明如日，长乱何须在屡盟。

——《上枢密韩肖胄诗二首·其二》

诗人讲，南宋王朝的老百姓希望韩肖胄和胡松年两位使者从中原带来振奋人心的好消息，他们将用竹篮盛饭，用瓦壶盛酒，来欢迎他们远道归来。恢复大宋的江山社稷，不只是百姓的众望所归，也是上苍的意愿所向。希望圣明如日，明白一次次屈辱地会盟求和，只会助长敌寇之威风。现在的合盟不过权宜之计，只有国家强盛，军事强大，才能长治久安，不受外寇欺负。

这首诗一改以往的婉约风格，字里行间既有尖锐犀利的揭露和谴责，还有隐藏不住的英气和豪情，忧国忧民之心，巾帼不让须眉。

《上枢密韩肖胄诗二首》表现了暮年的李清照对国家前途、民族命运的密切关注，开创了女作家爱国主义诗歌创作的先河，对后世女性文学的创作产生了深重影响。

这两首诗让韩肖胄大为震撼，备受鼓舞。韩肖胄在赴金朝前大义凛然地向宋高宗辞行：如果他们此去半年无消息，就和金国兵戎相见，不要因为他们一行而对金军妥协。

韩肖胄的母亲文氏正直忠贞、深明大义，她嘱托儿子不要担心她年老多病，有后顾之忧，韩家世代功勋，为国献身，义不容辞。宋高宗知道后非常感动，晋封文氏为荣国夫人。

韩肖胄到金国后，金人了解他的家世人品，对他非常尊重，半年后返回临安。他带回的消息是，宋徽宗已风烛残年，多病之身，他和宋钦宗父子二人在五国城备受凌辱，愁绪如风，孤苦如霜雪，渴望能早日解除囹圄，回归故土。

宋高宗对父兄的近况表示哀泣，但也仅是哀泣而已。

此次赴金，韩肖胄一行虽与金人未达成圆满的合议，但金人答应暂时休战。这个结果让宋高宗较为满意，近一段时间内，他终于不用东跑西藏，辗转逃亡了。

第四节　金石后序

在这段稍事太平的日子里,李清照决定整理丈夫留下的《金石录》,希望可以将此书稿刊行于世,帮助丈夫完成未了的宏伟大志。

昔日满满十五车之多的珍稀之物,如今都散佚殆尽,不知流落何处,如今只能在先夫的文字记录里,窥见它们的蛛丝马迹,怎不令人痛惜。

此刻,打开一沓厚厚的文稿,那些故纸、古物的故事和气息,连同夫妻俩收集购取所付出的半生的喜乐悲辛,一时间齐聚心头。

他们寓居莱州时,《金石录》已经成书,赵明诚亲自撰写了序言。在序言中,他介绍了自己编撰《金石录》的初衷、收集金石的过程以及书中收录的主要内容、编著的意义等。

"后得欧阳文忠公《集古录》,读而贤之,以为是正伪谬,有功于后学其大。惜其尚有漏落,又无岁月先后之次,思欲广而成书以传学。"

他讲，读了欧阳文叔的《集古录》，对金石研究产生浓厚的兴趣，后感到书里记载的内容有遗漏和错讹之处，遂产生编撰新书的想法，对《先秦古器图》《考古图》和《集古录》中包括年月、铭文内容的错误，一一作了考辨，用以校证历史，补充史书记载之不足，将古代文史资料通过此书传播于后世。

对于收集金石的经过，赵明诚并没有详细展开，以一句"于是益访求藏蓄，凡二十年而后粗备"一笔收拢。而在李清照眼里，这一句却是二十年的酸甜苦辣。于是，李清照另作《金石录后序》，附于书后，将她和丈夫赵明诚将近二十年的收集、整理金石文物的经过，《金石录》的内容与成书过程，以及丈夫去世后金石书画的流亡、散佚，个人的忧患得失叙之于笔端。回忆往事，清照百感交集，洋洋洒洒，下笔千言：

> 右《金石录》三十卷者何？赵侯德父所著书也。取上自三代，下迄五季，钟、鼎、甗、鬲、盘、匜、尊、敦之款识，丰碑、大碣，显人、晦士之事迹，凡见于金石刻者二千卷，皆是正讹谬，去取褒贬，上足以合圣人之道，下足以订史氏之失者，皆载之，可谓多矣。呜呼！自王播、元载之祸，书画与胡椒无异；长舆、元凯之病，钱癖与传癖何殊。名虽不同，其惑一也。
>
> 余建中辛巳，始归赵氏。时先君作礼部员外郎，丞相时作吏部侍郎。侯年二十一，在太学作学生。赵、李寒族，素贫俭。每朔望谒告出，质衣取半千钱，步入相国寺，市碑文果实归，相对展玩咀嚼，自谓葛天氏之民也。

后二年，出仕宦，便有饭蔬衣练，穷遐方绝域，尽天下古文奇字之志。日就月将，渐益堆积。丞相居政府，亲旧或在馆阁，多有亡诗、逸史，鲁壁、汲冢所未见之书。遂尽力传写，浸觉有味，不能自已。后或见古今名人书画，三代奇器，亦复脱衣市易。尝记崇宁间，有人持徐熙《牡丹图》，求钱二十万。当时虽贵家子弟，求二十万钱，岂易得耶？留信宿，计无所出而还之。夫妇相向惋怅者数日。

后屏居乡里十年，仰取俯拾，衣食有余。连守两郡，竭其俸入，以事铅椠。每获一书，即同共勘校，整集签题。得书、画、彝、鼎，亦摩玩舒卷，指摘疵病，夜尽一烛为率。故能纸札精致，字画完整，冠诸收书家。余性偶强记，每饭罢，坐归来堂烹茶，指堆积书史，言某事在某书某卷、第几页第几行，以中否角胜负，为饮茶先后。中即举杯大笑，至茶倾覆怀中，反不得饮而起。甘心老是乡矣。故虽处忧患困穷，而志不屈。收书既成，归来堂起书库大橱，簿甲乙，置书册。如要讲读，即请钥上簿，关出卷帙。或少损污，必惩责揩完涂改，不复向时之坦夷也。是欲求适意而反取憀慄。余性不耐，始谋食去重肉，衣去重采，首无明珠翡翠之饰，室无涂金刺绣之具。遇书史百家，字不刓缺，本不讹谬者，辄市之，储作副本。自来家传《周易》《左氏传》，故两家者流，文字最备。于是几案罗列，枕席枕藉，意会心谋，目往神授，乐在声色狗马之上。

至靖康丙午岁，侯守淄川，闻金人犯京师，四顾茫然，盈箱溢箧，且恋恋，且怅怅，知其必不为己物矣。建炎丁未春三月,奔太夫人丧南来。既长物不能尽载,乃先去书之重大印本者,又去画之多幅者,又去古器之无款识者。后又去书之监本者,画之平常者,器之重大者。凡屡减去,尚载书十五车。至东海,连舻渡淮,又渡江,至建康。青州故第,尚锁书册什物,用屋十余间,期明年春再具舟载之。十二月,金人陷青州,凡所谓十余屋者,已皆为煨烬矣。

建炎戊申秋九月,侯起复知建康府。己酉春三月罢,具舟上芜湖,入姑孰,将卜居赣水上。夏五月,至池阳,被旨知湖州,过阙上殿,遂驻家池阳,独赴召。六月十三日,始负担,舍舟坐岸上,葛衣岸巾,精神如虎,目光烂烂射人,望舟中告别。余意甚恶,呼曰:"如传闻城中缓急,奈何?"戟手遥应曰:"从众。必不得已,先弃辎重,次衣被,次书册卷轴,次古器,独所谓宗器者,可自负抱,与身俱存亡,勿忘也。"遂驰马去。途中奔驰,冒大暑,感疾。至行在,病痁。七月末,书报卧病。余惊怛,念侯性素急,奈何!病痁或热,必服寒药,疾可忧。遂解舟下,一日夜行三百里。比至,果大服柴胡、黄芩药,疟且痢,病危在膏肓。余悲泣,仓皇不忍问后事。八月十八日,遂不起,取笔作诗,绝笔而终,殊无分香卖履之意。

葬毕,余无所之。朝廷已分遣六宫,又传江当禁渡。时犹有书二万卷,金石刻二千卷,器皿茵褥,可待百客,他长物称是。余又大病,仅存喘息。事势日迫。念侯有妹婿,任兵部侍郎,从卫在洪州,遂遣二故吏,先部送行李往投之。冬十二月，金人陷洪州，遂尽委弃。所谓连舻渡江之书，又散为云烟矣。独余少轻小卷轴书帖，写本李、杜、韩、柳集，《世说》《盐铁论》，汉、唐石刻副本数十轴，三代鼎鼐十数事，南唐写本书数箧，偶病中把玩，搬在卧内者，岿然独存。

上江既不可往，又虏势叵测，有弟远任敕局删定官，遂往依之。到台，台守已遁。之剡，出陆，又弃衣被。走黄岩，雇舟入海，奔行朝。时驻跸章安，从御舟海道之温，又之越。庚戌十二月，放散百官，遂之衢。绍兴辛亥春三月，复赴越，壬子，又赴杭。

先侯疾亟时，有张飞卿学士，携玉壶过，视侯，便携去，其实珉也。不知何人传道，遂妄言有颁金之语。或传亦有密论列者。余大惶怖，不敢言，亦不敢遂已，尽将家中所有铜器等物，欲赴外廷投进。到越，已移幸四明。不敢留家中，并写本书寄剡。后官军收叛卒，取去，闻尽入故李将军家。所谓岿然独存者，无虑十去五六矣。惟有书画砚墨可五七簏，更不忍置他所，常在卧榻下，手自开阖。在会稽，卜居土民钟氏舍。忽一夕，穴壁负五簏去。余悲恸不得活，重立赏收赎。后二日，邻人钟复皓出十八轴求赏，故知其盗不远矣。万计求之，其余遂不可出。今知尽为吴说运使贱价得之。所谓岿然独存者，乃十去其七八。所有一二残零不成部帙书册三数种，平平书帖，犹复爱惜如护头目，何愚也耶！

今日忽阅此书，如见故人。因忆侯在东莱静治堂，装卷初就，芸签缥带，束十卷作一帙，每日晚吏散，辄校勘二卷，跋题一卷。此二千卷，有题跋者五百二卷耳。今手泽如新，而墓木已拱，悲夫！

昔萧绎江陵陷没，不惜国亡，而毁裂书画；杨广江都倾覆，不悲身死，而复取图书。岂人性之所著，生死不能忘之欤？或者天意以余菲薄，不足以享此尤物耶？抑亦死者有知，犹斤斤爱惜，不肯留在人间耶？何得之艰而失之易也！

呜呼！余自少陆机作赋之二年，至过蘧瑗知非之两岁，三十四年间，忧患得失，何其多也。然有有必有无，有聚必有散，乃理之常。人亡弓，人得之，又胡足道。所以区区记其终始者，亦欲为后世好古博雅者之戒云。绍兴二年、玄黓岁，壮月朔甲寅，易安室题。

——《金石录后序》

在这篇后序里，李清照介绍了《金石录》的基本概况，记录了新婚之后丈夫沉迷于金石收集的情形。宋徽宗建中靖国元年（1101），赵李二人大婚，还在太学求学的丈夫，节衣缩食，每到休息日就到大相国寺淘买古玩字画。出仕后常负笈出游，到名山古寺搜集古文碑刻。偶获珍品，两人煮酒烹茶，相对展玩，自谓葛天氏之民也，直至夜静更深，还意犹未尽；因为手头没有二十万钱购置徐熙的名作《牡丹图》，相向怅恨者数日。

屏居青州后，他们在归来堂一起校勘、整理、归类、标注，一起探讨碑刻书画的优劣瑕疵。夫妻两个赌书泼茶，琴瑟和谐，言笑晏晏，无忧无愁，那是一段多么令人回味的时光。

之后因为太夫人病逝，丈夫赵明诚带着十五车书画器物，从淄州南下到建康奔丧，清照到青州故居，准备带着青州藏品走水路与赵明诚会合，不承想，金军纵火青州，清照死里逃生，青州十余间藏品灰飞烟灭。

清照又详细叙述了在池州江上与丈夫赵明诚依依作别的场景。记录了丈夫染病及最后时刻，那一场生离死别，如刀似刻，成为清照心中锥心蚀骨的伤痕记忆。

失去丈夫，金石散佚，敌寇围困，玉壶颁金，藏品被盗，清照将数年磨难、坎坷、颠沛流离、天涯流亡述之笔端，不无心酸。

泪零如雨。止不住的不仅是委屈、痛苦的眼泪，还有对丈夫的深深怀念："今手泽如新，而墓木已拱，悲夫！"

她讲，当年南朝梁元帝萧绎都城沦陷之时，让人焚毁他收藏的十四万册图书；隋炀帝杨广被杀后，部下想把东都洛阳的八千卷藏书运回长安，杨广托梦不允。东都调度将藏书在陕州装船运送，结果狂风大作，八千卷书和船只一起全部没入河中。李清照反问，那些收藏得来多么艰难，失去又怎么如此容易？是否冥冥之中丈夫死而有知，对这些东西犹念念不忘，不肯让它们留在人间备受颠簸？

多么痛的领悟！辜负了丈夫的重托，她不知该怎样向他交代，权且这样自我安慰，也给自己一个自我纾解的理由。

她花了一夜工夫，写成这篇后序。写完后仍涕泗交加，不能自已。

不知什么时候，泪已流尽、倦到无力的她伏在案几上昏沉入梦。梦中，丈夫赵明诚满含笑意向她走来，依旧眉如墨画，目似星辰，宛然汴京街头初见,那个玉树临风的白衣少年。

多年以后,有人讲:当你梦到一个人,说明你的潜意识里一直都有他,于是以梦的形式告诉你,你一直都在想他,从没有忘记过他。是你的身体感觉到了你的思念,替你去见了一面你朝思暮想的人。

第五节　金华避难

《金石录》整理勘校完毕之后,李清照如释重负。原以为此后可以稍事安稳,谁知愿望再次落空。

绍兴四年(1134)秋,金人勾结伪齐袭击江淮流域,不久,滁州和楚州沦陷,敌寇继续南侵。

江浙一带战火频仍,民不聊生。到处都是背井离乡四处逃亡的人群,有人自东向西,有人自南向北,居住在山林中的人逃向城市,居住在城市中的人逃向山林,人们奔波流徙,惶恐终日,却不知道哪里是安全的地方。

李清照也被席卷在逃亡的人群中。当时,赵明诚的妹夫李擢在婺州任太守,金华是婺州的治所,相对来说是个比较安全的地方。李清照和弟弟李远商议之后,就和李远的家眷,以及在临安的族亲一起乘船离开,一路沿着钱塘江、富春江,向西南经过桐庐县的严滩,转入兰江,前往金华躲避战乱。

客船路过严滩时，李清照百感交集。严滩也叫严陵滩，位于富春江畔。一千年前，东汉严子陵曾在这里隐居垂钓。严子陵少有高名，与汉光武帝刘秀是好朋友，曾协助刘秀平定天下，立下大功。刘秀称帝后，欲拜他为谏议大夫。严子陵不慕富贵荣华，兀自离开，隐居在富春山下，以耕种垂钓为生。后人为了纪念他，将他垂钓之处命名为严陵滩。当年，范仲淹大人守桐庐时，曾于钓台建造"严先生祠堂"，并亲自作记，赞其："云山苍苍，江水泱泱，先生之风，山高水长。"有感于严子陵的高风亮节，李清照作诗表达敬仰之情：

巨舰只缘因利往，扁舟亦是为名来。
往来有愧先生德，特地通宵过钓台。

——《钓台》

李清照讲，放眼望去，只见江面上前有巨舰后有扁舟，这些大大小小的船只承载着络绎不绝的游客南来北往，这些南来北往的游客，无不为名缰利锁所羁绊牵扯。她也是凡夫俗子中的一个，漂泊千里，不过是为了在这乱世里苟活苟安，与不慕名利、淡泊自守的严先生相比，实在愧对严先生的盛德。所以，她觉得没有勇气在白昼从这里经过，特地选择在夜里匆匆往来。

这首诗最难能可贵的是清照的坦荡，她敢于抛出自己内心世界里的"小我"，这种自愧、知耻之心，和当时苟且偏安、力求议和的南宋王朝，甚至卖国求荣，为一己之私出卖民族、人民利益，不仁不义却心安理得的朝中要人相比，实在坦荡许多，可敬许多。

在江上漂泊数日后，他们的船只终于抵达金华。在李擢的帮助下,清照和李远的家眷在酒坊巷一户陈姓的宅院里安顿下来。这是一处幽静之所,虽不豪华,却收拾得窗明几净,井井有条,给人一种舒适之感。

由于韩世忠和岳飞等宋军名将率领大军坚壁清野,浴血奋战,金人和伪齐的军队南侵之路并不占上风,屡屡受阻。此时,又传来金太宗病重的消息,由于牵涉皇位继承问题,金军将领无心恋战,遂引军退却。没有了背靠的大树,伪齐的乌合之众即溃不成军,仓皇北下。这实在是大快人心的好消息。

金人退兵之后,江南的生活重新恢复了平静。赵、李两家的族亲都在酒坊巷附近居住,相距不远,亲戚们时常走动,他们在一起谈论时事,点茶斗诗,当然,还有家长里短,小酌和博戏。

长夜漫漫,更长烛明。为打发光阴,和族亲里的女眷们聚在一起边聊天边博戏,其乐融融。

打马博戏又分关西马、依经马、宣和马等几种打法,关西马有一"将"十"马",依经马无"将",有二十个"马",宣和马的玩法更为复杂。李清照最喜欢、最擅长的是依经马。

依经马的玩法类似于象棋、军旗、跳棋的组合,马(即棋子)用犀角或象牙刻成,博戏的棋盘上有"窝",类似战争中的堡垒、险要之地。行棋时,马要跨过各种关口,谁的马跨过的关口多,就分出胜负了。另外还有铺盆、本采、下马、行马、打马、倒行、入夹、落堑、倒盆等诸多规则和技巧。

让李清照颇为自豪的是,她擅长博戏的各种玩法,尤其是打马博戏,对其中错综复杂的规则、技巧了如指掌,所以逢赌必赢,从来没有遇到过强劲的对手。

李清照认为，学之则爱之，爱之则专之，努力成为行家里手。

她以学习圣人之道的态度，极其认真透彻地研究和分析这些规则、技巧，并条分缕析地将她的心得体会以及作战经验归纳整理成十三段文字，并让子侄辈们画下来，图文并茂地形成文字范本，这就是《打马图经》①和《打马赋》的由来。

一则不至于使此"深闺雅戏"失传，后人能根据《打马图经》十三项例论的阐述来继续享受打马的乐趣。二则诗人感于危世，缘事而发，她以棋局为政局，将棋盘作战场，以一当千，运筹帷幄，慷慨陈词，抒发诗人渴望抗金雪耻、御敌复国的强烈心声：

一、"铺盆例"论

既先设席，岂惮攫金，便请著鞭，谨令编垺。罪而必罚，已从约法之三章；赏必有功，勿效绕床之大叫。凡不从众议喧闹者，罚十帖入盆。

二、"本采例"论

公车射策之初，记其甲乙；神武挂冠之日，定彼去留。汝其有始有终，我则无偏无党。

三、"下马例"论

夫劳多者赏必厚；施重者报必深。或再见而取十官，或一门而列三戟。又昔人君每有赐，臣下必先乘马焉。秦

---

① 《打马图经》在流传过程中大多散轶，留存至今的有《打马图经》例论（又名《打马经》命词），其共分十三论，分布于对《打马图经》规则的论述中。——编者注

穆公悔赦孟明，解左骖而赠之是也。丰功重锡，尔自取之，予何厚薄焉？

四、"行马例"论之一

九，阳数也，故数九而立窝；窝，险涂也，故入窝而必赏。既能据险，以一当千；便可成功，寡能敌众。请回后骑，以避先登。

五、"行马例"论之二

行百里者半九十，汝其知乎？方兹万勒争先，千羁竞辏，得其中道，止以半涂。如能叠骑先驰，方许后来继进。既施薄效，须稍旌甄，可倒半盆。

六、"行马例"论之三

万马无声，恐是衔枚之后；千蹄不动，疑乎立仗之时。如能翠幕张油，黄扉启印；雁归沙漠，花发武陵。歌筵之小板初齐，天际之流星暂聚。或受彼罚，或旌己劳。或当谢事之时，复过出身之数。语曰：邻之薄，家之厚也。以此始者，以此终乎？皆得成功，俱无后悔。

七、"打马例"论之一

众寡不敌，其谁可当？成败有时，夫复何恨？若往而旋返，有同虞国之留；或去亦无伤，有类塞翁之失。欲刷孟明五败之耻，好求曹刿一旦之功。其勉后图，我亦不弃汝。

八、"打马例"论之二

赵帜皆张，楚歌尽起。取功定霸，一举而成。方西邻责言，岂可蚁封共处？既南风不竞，固难金埒同居。便请回鞭，不须恋厩。

九、"打马例"论之三

亏于一篑，败此垂成。久伏盐车，方登峻坂，岂期一蹶，遂失长涂。恨群马之皆空，忿前功之尽弃。但素蒙剪拂，不弃驽骀；愿守门阑，再从驱策。溯风骧首，已伤今日之障泥；恋主衔恩，更待明年之春草。

十、"倒行例"论

唯敌是求，唯险是据。后骑欲来，前马反顾。既将有为，退亦何害。语不云乎：日暮途远，故倒行而逆施之也。

十一、"入夹例"论

昔晋襄公以二陵而胜者，李亚子以夹寨而兴者，祸福倚伏，其何可知？汝其勉之，当取大捷。

十二、"落堑例"论

凛凛临危，正欲腾骧而去；骎骎遇伏，忽惊阱堑之投。项羽之骓，方悲不逝；玄德之骥，已出如飞。既胜以奇，当旌其异。请同凡例,亦倒全盆。

十三、"倒盆例"论

瑶池宴罢,骐骥皆归;大宛凯旋,龙媒并入。已穷长路,安用挥鞭。未赐弊帷,尤宜报主。骥虽伏枥,万里之志常存;国正求贤,千金之骨不弃。定收老马,欲取奇驹。既以解骖,请拜三年之赐;如图再战,愿成他日之功。

她在《打马图经》这部书前的序言里写道:

慧即通,通即无所不达;专即精,精即无所不妙。故庖丁之解牛,郢人之运斤,师旷之听,离娄之视,大至于尧舜之仁,桀纣之恶,小至于掷豆起蝇,巾角拂棋,皆臻至理者何?妙而已。后世之人,不惟学圣人之道不到圣处;虽嬉戏之事,亦不得其依稀仿佛而遂止者多矣。

她认为:慧即通,人若聪慧,思路开阔,则触类旁通,万事通达,没有解决不了的问题。专即精,如果一个人足够专注和用心,就会掌握各种精湛的技艺,从而得心应手、运用自如,以臻于妙境。

李清照运用自己广博的学识,旁征博引,通过庖丁解牛,郢人用锋利的斧头砍朋友鼻梁上的灰尘,师旷极其精准的听力,离娄分外敏锐的视力,继而大到尧舜的仁德,桀纣的凶残,小到用小小的绿豆弹击苍蝇,拿帽子的带子拂动棋子等故事,生动地阐述了"专则精,精则无所不妙"的道理,同时又告诫人们:即便是做博弈游戏之类的小事，也应该进行深刻思考和深入研究，而不是得之皮毛就浅尝辄止、半途而废。

博戏没有别的诀窍，不过率先找到争先的办法而已，只有专心致志的人才能学得好。

其实，这段话放之四海而皆准，所谓绝世武功、一技之长，除却专心致志、获得要领这个独门法宝，再也无他。

《打马图经》完成后，意犹未尽的李清照又写了一篇寓意深刻、气势恢宏的《打马赋》。在《打马赋》中，李清照笔法犀利地指出，当朝并不缺乏桓温、谢安这样的良将贤才，只要被当权者委以重任，驱除敌寇必能成功，光复中原定然可图：

……且夫丘陵云远，白云在天，心存恋豆，志在著鞭。止蹄黄叶，何异金钱。用五十六采之间，行九十一路之内。明以赏罚，核其殿最。运指麾于方寸之中，决胜负于几微之外。且好胜者人之常情；小艺者士之末技。说梅止渴，稍疏奔竞之心；画饼充饥，少谢腾骧之志。将图实效，故临难而不回；欲报厚恩，故知机而先退。或衔枚缓进，已逾关塞之艰；或贾勇争先，莫悟阱堑之坠。皆由不知止足，自贻尤悔。当知范我之驰驱，勿忘君子之箴佩。况为之贤已，事实见于正经；用之以诚，义必合于天德。牝乃叶地类之贞，反亦记鲁姬之式。鉴髻堕于梁家，溯洴循于岐国。故绕床大叫，五木皆卢；沥酒一呼，六子尽赤。平生不负，遂成剑阁之师；别墅未输，已破淮淝之贼。今日岂无元子，明时不乏安石。又何必陶长沙博局之投,正当师袁彦道布帽之掷也。

辞曰:佛狸定见卯年死,贵贱纷纷尚流徙。满眼骅骝杂骡骃,时危安得真致此?木兰横戈好女子!老矣谁能志千里,但愿相将过淮水。

"木兰横戈好女子!老矣谁能志千里,但愿相将过淮水。"在当时的大环境下,秦桧奸贼当道,人人不敢言兵,李清照却通过博弈游戏,呼唤将士渡过淮河,匡复中原。所以黄檗山人在其《题打马图》诗中,为易安居士的拳拳爱国之心而感慨:南渡偷安王气孤,争先一局已全输。庙堂只有和戎策,惭愧深闺《打马图》。

有什么样的胸襟,就有什么样的笔墨,这笔墨是从胸襟中来的,不能不令人肃然起敬。

"骥虽伏枥,万里之志长存;国正求贤,千金之骨不弃。"在那个风雨飘摇的乱世,囿于深闺的李清照,不借助诗酒,不借助博戏,何以倾吐心中汹涌的豪放和忧愤?

卷八 独立残阳，风住尘香花已尽

第一节　题八咏楼

又是一年芳草青。

金华的春天来得更早，风暖了，雨润了，叶肥了，草芽儿在微风里摇曳，花儿朵儿争抢般地，粉的，白的，红的，樱杏桃梨次第开。

可是，饱受战争离乱之苦，寓居在金华的李清照却并没有像往年一样，早早到外面踏春赏花。

　　风住尘香花已尽，日晚倦梳头。物是人非事事休，欲语泪先流。
　　闻说双溪春尚好，也拟泛轻舟。只恐双溪舴艋舟，载不动、许多愁。

　　　　　　　　　　　　——《武陵春》

从前一起看花访春的人不见了,孤身流落金华的她,日高方起,连妆容也无心梳理,就这样默默伫立在窗前,不动声色地望着一年一度花木扶疏的春景。

物是人非,事事萧索,词人再没有惜春赏花的喜悦之情,绿树红花,大好春光,都被蹉跎延误,以至于一夜风雨,乱红纷纭,跌落尘泥的花瓣犹在散发着微微的清香。

词人睹物思人,悲从中来。最苦的不是药,而是独自咽下的泪。

金华城南有两条河流,一条叫东港,一条叫南港。两条河流又汇入慈溪、白溪、玉泉溪、坦溪等多条溪流,在金华城南交汇一处,古时候叫双溪。双溪是唐宋时期颇有名气的游览胜地。在春天,舟行湖上,看远山如黛,杨柳堆烟,别是一番心旷神怡。

朋友和女眷们多次邀约清照到双溪泛舟,散心游玩,然而她却一再推托。赏花春游实在不足以纾解她心底的愁苦,她怕的是自己的糟糕情绪影响大家游玩的兴致,怕太过美好的景致,再勾起对往事的回忆。怕只怕,双溪的舴艋舟太小,愁绪深重,颠覆了往事,让自己妄自沉溺,无可泅渡。

如今的她,深居简出,心灰意冷,再也没有昔日"争渡,争渡,惊起一滩鸥鹭"的勇气和豪情。

"悲歌可以当泣,远望可以当归",还是登高望远吧,天朗气清,风和景明,极目远眺一定有着不一样的感受。

登高望远,八咏楼是绝好的去处。八咏楼坐落在金华城的东南隅,临江而立,坐北朝南,楼高数丈,有百余石阶。登临石阶,但见蓝天悠远,雾霭茫茫,山色积翠,双溪蜿蜒,沿岸美景如画,尽收眼底。

八咏楼又称玄畅楼，为南朝东阳郡太守、著名史学家和文学家沈约建造，此楼建成后，沈约曾多次登楼赋诗，留下数篇脍炙人口的佳作：

> 危峰带北阜，高顶出南岑。中有凌风谢，回望川之阴。岸险每增减，湍平互浅深。水流本三派，台高乃四临。上有离群客，客有慕归心。落晖映长浦，焕景烛中浔。云生岭作黑，日下溪半阴。信美非吾土，何事不抽簪。

这首表达"慕归之心"的《登玄畅楼诗》流传最广，后沈约意犹未尽，在此基础上续写到八首，合为《八咏》，题于玄畅楼壁，在当时的文坛传为绝唱。故从唐朝起，世人称玄畅楼为八咏楼。

作为人文景观的八咏楼，历来多为文人骚客所沉吟歌咏。唐严维送别友人，作"明月双溪水，清风八咏楼。少年为客处，今日送君游"。回忆明月普照下的双溪，清风吹拂中的八咏楼，原来友人奔赴之处，正是自己少年时游历过的地方，所以缱绻依依，别有况味。

如此胜景，有烟霞之癖的李清照，自然不会错过。她拾级而上，远眺东南胜地，山川景物尽收眼底，胸中豪气油然而生，一首气壮山河的《题八咏楼》力透纸背，一气呵成：

> 千古风流八咏楼，
> 江山留与后人愁。
> 水通南国三千里，

气压江城十四州。

——《题八咏楼》

南国泛指江南一带,十四州指两浙路十四个州郡。"水通南国三千里,气压江城十四州。"此两句化用贯休的"满堂花醉三千客,一剑霜寒十四州"。

贯休乃晚唐一诗僧,婺州兰溪人,乾宁年初,钱镠因讨平董昌有功,入两浙为吴越王,贯休以一首《献钱尚父》投诗相贺:"贵逼人来不自由,龙骧凤翥势难收。满堂花醉三千客,一剑霜寒十四州。鼓角揭天嘉气冷,风涛动地海山秋。东南永作金天柱,谁羡当时万户侯。"钱镠却意欲成为雄踞一方的霸主,于是令贯休将"十四州"改为"四十州"。贯休对钱镠的野心极其反感,断然回绝:"州亦难添,诗亦难改。余本孤云野鹤,何天不可飞。"遂拂袖而去,飘然入蜀,后受到前蜀王建的礼遇,被尊为"禅月大师"。

清照讲,千古风流的八咏楼天下闻名,登临高耸的楼台之上,遥望中原的方向,心底的悲苦黯无涯际。脚下这金华胜地,其战略地位非常重要,进可攻,退可守,经水路可以畅行三千里,深入江南腹地,足以影响江南十四州的生死存亡。金人的撤兵只是暂时行为,虎视眈眈的他们随时有挥戈南下的可能。如果不采取果断措施,直捣黄龙,收复失地,那么江南十四州也将殃及战火,永无宁日。

诗人化用贯休的诗句来说明,和毫无气节的南宋朝廷来比,坚持底线,不羡荣华不慕名利的贯休,着实令人可敬可佩。"江山留与后人愁",诗人可谓用心良苦。

终归意难平!如此壮丽的河山正被异族逐步蚕食掠侵,当权者却一味贪生怕死，只想求和，宋室之不振，江山之难守，诗人如何不悲愤、不慨叹？

绍兴四年（1134）七月的一天，谢伋来请李清照，言之父亲有要事相告。李清照匆匆赶到谢府，身染重病的谢克家告诉她，她在绍兴被贼人凿墙盗取的蔡氏《进谢御赐书诗卷》有下落了。年前，临安法慧寺的一名僧人拿出此帖，特意将谢克家请去为其题跋，说是受人之托。谢克家认出这是赵明诚夫妇先前之收藏，感慨万千，挥笔题跋：

> 姨弟赵德甫，昔年屡以相示。今下世未几，已不能保有之，览之凄然。汝南谢克家。癸丑九月十一日，临安法慧寺。

谢克家望着李清照，神色黯然地说："我不久就将离开人世，这件宝物不可能再回到你的身边的，希望你能想开点，珍重身体。"
《进谢御赐书诗卷》是宋朝大书法家蔡襄的墨迹，书帖上有米芾的题跋："米芾于旧翰林院曾观石刻，今四十矣，于大丞相天水公府，始目真迹。书写博士米芾。"蔡襄、米芾、苏轼、黄庭坚合称"宋四大家"。这幅真迹上同时有米芾与蔡襄墨宝，足见珍稀，它是赵明诚生前最珍爱的藏品之一。

法慧寺位于临安城墙东端涌金门内，是南宋朝廷的祈雨场所。宋高宗定都临安时，占据法慧寺和其周边的空地供皇室使用。后法慧寺逐渐成为南宋同文馆和秘书省驻地，除了存储礼器，亦收藏书画。李清照丢失的字画流入了法慧寺,这件事不能不让人浮想联翩。

听闻此消息,李清照身心犹如被剥离般痛苦。此刻,她明白痛心、愤慨于事无补,于是强颜欢笑,安慰谢克家道:"多谢表兄的费心挂记,妾身苟活于今,已是万幸,还能有何想不开。此书帖能被善家妥善收存,也算有个好的去处和交代。"

谢克家听闻,释然一笑:"人生当如此。"

第二节　晚来风急

心忧家国的清照和爱国志士们在为南宋朝廷苟且偏安而意难平，南宋当权者却在为金人退兵而庆幸，他们不图匡复大计，却寻思起修史之"重大事情"来。

绍兴五年（1135）五月，受到大臣的挑唆，宋高宗认为由蔡京主持编修，赵挺之参与编撰的《哲宗实录》，盖奸党以私意取舍史事，对废辍新法的高、向两位皇后论述不公，不能扩散出去。

当年，赵挺之在参与编写的时候，特意手抄一本留给赵明诚收藏。赵明诚去世后，李清照像保护自己的脑袋和眼睛一样，倾力守护着丈夫留下的这些旧藏。如今，这本记录前朝皇帝日常言行的《哲宗实录》，被朝廷列为冒进传写之书。按照大宋刑律，冒进传写者须杖责八十。虽然翁舅已故多年，让逝去之人再背黑锅，想想这事也实在窝心。高宗紧急下诏严令赵家缴进此书。无奈，清照只得乘船沿着富春江顺流而下，从金华返回临安。

绍兴八年（1138），宋高宗下诏定都临安。次年，因金人违背之前议和的约定，卷土重来，宋金展开激烈交战。

绍兴十年（1140），韩世忠率领韩家军包围了被金人侵占的淮阳，又在泇口镇捷报飞传。同年，岳飞率领岳家军亦勇猛击敌，取得郾城大捷。在宋军的强大攻势下，金人威风大减，步步败北，宋朝大军先后收复郑州、洛阳等城，形势一片大好，北定中原指日可待，举国振奋。可是，宋高宗却和秦桧密谋力主议和，命令各部分宋军班师回朝，并在一天内连下十二道金牌逼令岳飞退兵。"十年之力，毁于一旦。"由于各路宋军被逼退兵，已收复的国土又拱手相让给金人。

绍兴十一年（1141），宋高宗解除了岳飞、韩世忠等人的兵权，并以"必杀岳飞"为条件，向金人表示足够的"诚意"，随后奴颜婢膝地和金人签订了屈辱的《绍兴和议》，签订了向金投降称臣、割地赔款、纳贡等不平等条款。

这年除夕，岳飞和长子岳云以及部将张宪以莫须有的罪名，被害于大理寺风波亭。

消息传来，举国上下为之哭泣，清照亦为这桩千古奇冤无比愤慨，内心悲恸万分。她明白，南宋朝廷偏安江南已成定局，此生，她将客死他乡，再难回到中原故地。

芳草池塘，绿阴庭院，晚晴寒透窗纱。玉钩金锁，管是客来唦。寂寞尊前席上，惟愁海角天涯。能留否？酴醾落尽，犹赖有梨花。

当年、曾胜赏，生香熏袖，活火分茶。尽如龙骄马，流水轻车。不怕风狂雨骤，恰才称，煮酒笺花。如今也，不成怀抱，得似旧时那？

——《转调满庭芳》

临安乃江南福地，池塘生春草，庭院有绿荫，这里风和日丽，花朵四季芳香，是个特别宜居的城市。可是，她这个孀居的老人，却不以临安为"安乐窝"尽享天伦，而是愁苦满腹地面对着半壁江山，怀抱一份去国怀乡之思，追忆似水流年，悲戚而寂寥。

纵人间姹紫嫣红开遍，词人的心底，早已万古荒凉。

寻寻觅觅，冷冷清清，凄凄惨惨戚戚。乍暖还寒时候，最难将息。三杯两盏淡酒，怎敌他、晚来风急。雁过也，正伤心，却是旧时相识。

满地黄花堆积，憔悴损，如今有谁堪摘？守着窗儿，独自怎生得黑。梧桐更兼细雨，到黄昏、点点滴滴。这次第、怎一个愁字了得！

——《声声慢》

这首《声声慢》是世人最喜欢的李词之一，被誉为"千古创格""绝世奇文"。词的开篇即先声夺人，连用七组叠词。好的诗句，一般忌讳重复用词，不过这只是一般情况下，凡有特例，俱不寻常。这七组叠词，别开生面，犹如大珠小珠滚落玉盘，营造出一片愁惨而凄厉的气氛。

秋上心头，几多愁。寻寻觅觅、冷冷清清的词人，满怀有家难回的凄楚，郁郁寡欢，内心凄楚无限。在这个霜风凄紧、寒雨敲窗的晚秋时节，她这位漂泊的异乡人，悲秋、伤秋的情绪油然而起，所以言之"最难将息"，无法让心绪平息下来。

杜甫有言："莫思身外无穷事，且尽生前有限杯。"人类的悲欢都是相通的，不如喝上几杯薄酒，来抵挡夜来入骨的风寒，一浇心头萧瑟。

就在词人举杯欲饮、伤感故人不再的时候，只听得窗外雁啼阵阵，声声入耳。抬眼望去，似是旧时见过的那一群雁阵。原来，它们来自北方家园，飞到南方来过冬。

望着无忧无虑、渐行渐远的雁阵，词人想，做一只大雁多好啊，明年春暖花开，它们还会张开翅膀，成群结队飞回去。故乡，终归为它们留一处栖息之地。

青州归来堂前的菊花这时候该黄花遍地了吧，这么多年它们花开花谢，没有人前去观赏采摘，只能和词人一样，独自憔悴了。"东篱把酒黄昏后，有暗香盈袖"早已成为陈年旧事，再也回不到从前，不复当年的心境了。

她问自己，是不是又是这样，守着窗儿，听着秋雨点点滴滴敲打在梧桐叶上的萧然之声，独自一个人挨到天黑？

唉，这般光景，怎一个愁字可说。

这首词通篇细腻、尽致，句句写愁，有寻觅无处的愁，有亲人离散的愁，有国破家亡的愁，有故土难回的愁，有往事如昨、美好不在的愁，却未露一个"愁"字。千头万绪，千丝万缕，在末句仅以一个"愁"字收尾，貌似戛然而止，实则大河奔流，倾泻无遗。

词人将民族危亡、山河破碎带来的时代之悲情，和家散夫亡、流离失所的自家身世糅杂在一起,以格外凄婉的方式表达出来,其浓得化不开的故国之思以及抑制不住的凄清无助,抒发得淋漓尽致。语言家常,以浅俗之语发清新之思,体物细微,饱有余味,如泣如诉,感人至深,实在神来之笔。

鸟飞反故乡兮,狐死必首丘。人对故乡和故国的眷恋,几乎是一种本能。

断送一生憔悴,只消几个黄昏。

有人说:苦难中的人,是没有悲观的权利的,如果悲观了,就没有了面对现实的勇气。因此,清照努力让自己振奋精神,积储与苦难抗争的力量。

好在,她还可以写诗填词,让李清照时时不忘提笔的还有庭院的树木花草。秋天来了,她喜欢的桂花开了,开出了故乡的味道:

揉破黄金万点轻,剪成碧玉叶层层。风度精神如彦辅,太鲜明。

梅蕊重重何俗甚,丁香千结苦粗生。熏透愁人千里梦,却无情。

——《摊破浣溪沙》

"揉破黄金万点轻",从首句可以看出这是一首吟咏金桂的词,初绽的金桂格外明艳,有着黄金般的色泽。而满树椭圆形的桂叶,层层叠叠,裁如碧玉。金桂树干强健,枝条峭拔,其"风度精神",就像西晋名士乐广一样爽朗通脱。彦辅是乐广的字,见识高远,与人无争,尚书令卫瓘与他交往后称其为奇才,感叹说:"此人之水镜,见之莹然，若披云雾而睹青天也。"词人以名重于时的彦辅喻指金桂，来表现金桂不同于凡花俗草的鲜明个性。

词的下阕，词人再用梅花和丁香来反衬，言之梅花花蕊层层包裹，让人感到俗气；丁香簇簇拥结，一点儿也不可爱，均不及桂花的高洁细腻之美。

词人如此喜爱金桂，却用遗憾和埋怨的口吻做结收尾：你满树的浓香把我梦回千里的美梦惊扰，不让我梦回故里，是不是太过无情？

一言以蔽之，词人咏花志不在花，不过一抒怀念故土、有家难回之愁苦。

在这里，不是词人嫌弃梅花、丁香，只是写诗技巧而已。词人要表达的是桂花的高洁、清香，还有不厌其烦地一次又一次剖露的心结：梦回家园，怀念故土、故人。

第三节　独立残阳

《绍兴和议》签订之后,南宋和金形成南北对峙的局面。

结束了长达数十年的战争,南宋朝廷并没有励精图治、匡复振兴之举,而是"直把杭州作汴州",尽情投入醉生梦死、歌舞升平的狂欢享乐之中。

绍兴九年(1139)的元宵节,临安城里,天朗气清,惠风和畅,大街小巷张灯结彩,盛况空前,一派欢乐祥和的节日气氛。

>　　落日熔金,暮云合璧,人在何处。染柳烟浓,吹梅笛怨,春意知几许。元宵佳节,融和天气,次第岂无风雨。来相召,香车宝马,谢他酒朋诗侣。
>　　中州盛日,闺门多暇,记得偏重三五。铺翠冠儿,撚金雪柳,簇带争济楚。如今憔悴,风鬟霜鬓,怕见夜间出

去。不如向,帘儿底下,听人笑语。

——《永遇乐》

丈夫早逝、没有子嗣的李清照晚景虽然凄凉,但由于她的才名家世,交游广泛,在临安城中来往的故交旧友非显即贵,所以常有乘着香车宝马的豪门女眷前来邀请她一起品茶斗诗,或者插花博戏。

这个黄昏,她们又盛装而来,殷勤地邀请李清照去参加街市上盛大的元宵盛会。

好一番盛情:这个元宵节杨柳堆烟,风和日丽,实在难得的好天气。你看,落日的余晖将西天浸染成灿烂的金黄,如半池熔化的金水,一片赤红橙黄。傍晚的云霞,璧玉一般聚拢在落日周围,红白映衬,格外晶莹耀眼。暮色之下,杨柳像晕染上一层浓厚的烟幕,美得像是一幅画,空气中弥漫着早春的生动气息。好多年没有这么热闹的气氛了。这番天气,这份热闹,你不出门游玩,实在辜负了大家的美意。

说得清照都有些心动了。

可是,看到院子里早开的梅花一片片凋落在树下,又听到风中传来哀怨凄凉的《梅花落》笛子曲,清照不由得意趣索然,慢下了步子。末了,她以眼下虽天气晴朗,也许转眼就会下雨,年迈羸弱的她经不得几番风雨的措辞,婉言谢绝了酒朋诗侣的热忱邀请。

香车宝马绝尘而去。耳边的《梅花落》曲子,响得更加凄厉高亢了。

明明融合天气,词人却忧"次第岂无风雨",看似矛盾,其实不然。一个贪图享乐、只求苟安议和的腐败王朝，随时都有爆发战争的可能，政治的风雨随时都会大雨倾盆，形势岌岌可危。词人的担忧不无道理。

除此之外，在国难家仇的裹挟之下，心忧家国、思念亡夫的李清照，又如何有观景游冶的雅兴和闲情？

站在窗下的词人默默坐回椅子上，她回忆起了往事。

年纪大的人，似乎回忆特别多，不过，好在有这些回忆在，那是冬日里的温暖，不至于让她感到太寥落，日子太过难挨。

她记得，多年以前的那个元宵节晚上，汴京城家家灯火，户户管弦，火树银花合，星桥铁锁开，街市上华灯如昼，人流如织，多么繁华热闹的盛会。

那年她17岁，除了年轻，还是年轻。她戴着精致的翠鸟羽毛帽子，帽子上簪着用金线撚丝所制的雪柳，和父亲、母亲以及弟弟李迒一起，盛装打扮，出门游玩。父亲携着母亲，她牵着弟弟，一家四口乐悠悠地走在喧闹的汴梁城的街市上。他们的头顶，五色烟花腾空而起，在空中盛开成硕大的花束，犹如菊花闹秋，海棠雨戏春。

她还记得，在那个元宵之夜，从灯火阑珊处走来的白衣少年；记得他的眉目如画，他的气质清贵，他的风度出尘，他的背影清秀。

记得她和他初见时那一眼怦然的心动……

那是多么美好的回忆，时隔这么多年，想起来，竟清晰如昨。

如今的她……她下意识地瞅了一眼面前的铜镜，那是一个形容憔悴、华发苍颜的身影，早已不复当初那个"簇带争济楚"的青春少女。

"纵使相逢应不识,尘满面,鬓如霜",或许当下的她会想起坡翁的词,或许她轻轻地摇头,赶走思绪,不敢多想,只是眼眶有些微微的潮湿。

当此际,词人的内心脆弱而又矛盾。她希望能从良辰美景中找到一点心灵慰藉,又担心似曾相识的繁华场景勾起她太多尘封的记忆。所以,心境沧桑、孤寂悲凉的李清照无心去凑热闹,混迹于喧嚣的人流。只是让自己躲在帘子底下,隔着帘子听听外面的笑语欢声。

无限凄楚,不堪卒读。

唐圭璋在其《读李清照词札记》中说:"从听人笑语,反映一己之孤独悲哀,默默无言,吞声饮泣,实甚于放声痛哭。"

没有了家,失去了丈夫,离开了故土。热闹是别人的,她什么也没有。人世间最悲凉的事情莫过于,帘里帘外隔如天涯,她知道,那个世界的欢乐与她再无交集。

百余年之后,经历了宋、元易代的遗民词人刘辰翁,重温这首《永遇乐》,不禁被词中的黍离之悲、国恨家仇而触动,心有共鸣,涕泪交零:

"余自乙亥上元诵李易安永遇乐,为之涕下。今三年矣,每闻此词,辄不自堪。遂依其声,又托之易安自喻。虽辞情不及,而悲苦过之。"

他作《永遇乐》和之,寄托亡国之痛:

璧月初晴,黛云远澹,春事谁主。禁苑娇寒,湖堤倦暖,前度遽如许。香尘暗陌,华灯明昼,长是懒携手去。

谁知道,断烟禁夜,满城似愁风雨。

宣和旧日,临安南渡,芳景犹自如故。缃帙流离,风鬟三五,能赋词最苦。江南无路,鄜州今夜,此苦又谁知否。空相对,残釭无寐,满村社鼓。

——刘辰翁《永遇乐》

词人虽云"托之易安自喻",其实所抒皆自家身世。

是时,临安城已沦陷两年,无家可归的刘辰翁蛰居于临安附近的一处简陋村居。他看到经历了亡国灾难的临安百姓,并没有伤感之色,依然在元宵节里携手赏灯,快乐游玩,百感交集,沉痛万分,在诗词里与易安惺惺相惜。

清代文学家王夫之曾言:"以乐景写哀,以哀景写乐,一倍增其哀乐。"此两首《永遇乐》有异曲同工之效。

第四节　临安终老

人生实苦，还须苦中作乐。

何以解忧，唯有诗酒。

在李清照的心里，可解脱处，除了诗酒书，还有她和丈夫热爱一生的金石字画。

绍兴十三年（1143），李清照把丈夫的遗稿作最后的笔削整理后，将《金石录》全稿表进于朝，期待有朝一日可以刊行于世，以飨天下好古博雅者。

《金石录》初刻于南宋开禧元年（1205），只是，盼星星盼月亮般的李清照，却无缘相见了，这不可谓不是一个重大遗憾。

绍兴二十年（1150），闻听米芾的长子米友仁寓居临安天庆坊米宅，六十六岁的李清照从仅存的收藏里，找出两幅北宋大书法家米芾的真迹，它们曾是丈夫当年的心爱之物。带着这两幅珍品，李清照到天庆坊登门拜访年长她十岁的米友仁，请他在这两幅真迹上题跋。

米芾号称"米癫",为人洒脱不羁,他能诗文,精鉴别,擅长书法、作画。其书法作品以意趣、个性见长,与蔡襄、苏轼、黄庭坚合称"宋四家"。他的山水画"不取工细,意似便已",世称"米氏云山"。长子米友仁的书法和绘画皆秉承家学,与父亲同为收藏家、鉴赏家,并称"大小米"。

李清照带来的其中一幅是《灵峰行记帖》,米友仁确认是先父的真迹,且是留存下的为数不多的书帖中的精品。望着熟悉的墨迹,他激动得老泪纵横,挥毫题跋:

> 易安居士一日携前人墨迹临顾,中有先子留题,拜观不胜感泣。先子寻常为字,但乘兴而为之。今之数字,可比黄金万两耳。呵呵。

另一幅是《寿时宰词帖》。唐太宗时期,名臣李义府因文采出众被剑南道巡察大使李大亮表荐为门下省典仪,太宗皇帝决定当面考考他。在考试那天,只见有飞鸟翔集在宫殿一侧,唐太宗和众大臣都认为是祥瑞之兆。宋徽宗非常迷信祥瑞,在大观年间,诏令米芾就这件事作诗并书写,这幅书卷便是《寿时宰词帖》,后被赵明诚精心收藏。

此书帖于今四十年了,年近八旬的米友仁之前只是听说过,从未见过,当他接过李清照呈上的词帖时,如见先考,感叹良多。稍后,他屏气凝神,毕恭毕敬地在书帖上留墨题跋:

> 先子真迹也。昔唐李义府出门下典仪,宰相屡荐之。太宗召试讲武殿,赐座,而殿侧有乌数枚集之,上令作诗咏之。先子因暇日偶写,今不见四十年矣。易安居士求跋,谨以书之。

得到米芾后人的题跋,足以证明此名帖真迹无疑。何况还是当代著名书法、收藏家的题跋,更是珍品中的珍品,价值连城,"可比黄金万两耳",米友仁所言不虚。清照倍感万幸,亦为自己古稀之年能亲眼看到"小米"手书而兴奋异常。

她小心抚摩着这两幅珍品,恍然间回到青州归来堂上,她和丈夫赵明诚相对而坐,两人赌书泼茶,研赏金石字画。院子里,梅花吐蕊,一屋梅香。

遗憾的是,在那个兵荒马乱的时代,人命危浅,朝不虑夕,更不用说书画了。几十年后,岳飞的孙子岳珂在《宝真斋法书赞》记录此事时,仅仅见到了米友仁的跋文,《寿时宰词》帖不知已散佚何处。岳珂不胜惋惜,题跋《米元章帖》曰:

> 右宝晋米公《灵峰行记》真迹一卷。天下未尝无胜游,惟人与境称,而后传久,其次以文,其次以字画。考乎此亦可观矣。宝庆丙戌秋得之京口。故藏易安室,有元晖跋语系焉。

幸亏有李清照求跋之事,才让后人知道米芾还有这幅书法精品,以及它背后的趣闻逸事。

古稀之年的李清照,正在逐一梳理自己的身后之事。

如今,《金石后序》已表进于朝,余下的收藏,该整理的整理,能题跋的题跋,她都尽心尽意完成了。先夫若泉下有知,也自会瞑目而笑了。

她喜欢的打马博戏也已撰写成文,后人可凭喜好取用。

她的诗词文赋,弟弟李远说,有诗朋文友收集整理,刊印成《漱玉词》集子,人人争相传之。她笑了笑,说喜欢这个名字,仿佛让自己回到了故乡明水。

只是,她对诗词之见解,对书画之洞见,却再无力成书,她希望可以遇到一个有缘人,将平生所学传于后世。

幸运的是,她似乎遇到了一个。然而,结局却不尽如人意。

在李清照的朋友往来中,有户姓孙的人家,户主孙综乃北宋名臣孙沔的后代,官拜宣仪,他和妻子梁氏都是会稽山阴人,一家人寓居临安,其乐融融。他们有个十几岁的女儿,聪明灵动,常跟着父母到清照家里做客,李清照初次见面,就非常喜欢,好像见到了少年时的自己,遂有收为弟子的想法。

这天,孙综夫妻俩带着女儿前来拜访,相互寒暄后,清照直言自己的心愿,欲以所学传授。孙综夫妇非常倾慕清照的才华,自然求之不得。岂料,他们的女儿年纪虽小却很有主意,她说:"多谢夫人厚爱,此事不可,古云'才藻非女子之事也!'"婉言谢绝。让李清照目瞪口呆,讨了个没趣。

不过,李清照也很快释然。天不从人愿,事不从人心,人生总是如此,不要期望太大。

她明白,在那个崇尚女子无才便是德的社会大环境中,在人们的潜意识里,逞才情、斗文采本不是女子该做的事情,操持家务、奉养高堂、相夫教子才是一个女子一辈子的责任。不但男性如此认为,这样的观念也根植在大部分女性的心里,让她们从小自觉接受,并自觉遵守。

孙综这个小女儿,成人后嫁给了北宋宰相苏颂的三世孙文林郎苏君璪为妻,成为一个谨依"三从四德"的贤妻良母,他的儿子苏洞长大后成为大诗人陆游的弟子。因孙综是陆游的表兄弟,孙氏过世之后,苏洞请求陆游为其母撰写墓志铭。

在墓志铭中,陆游记述了孙氏婉拒李清照授学的事情:

> 夫人幼有淑质,故赵建康明诚之配李氏,以文辞名家,欲以其学传夫人。时夫人始十余岁,谢不可。曰:"才藻非女子事也。"

——《渭南文集》

墓志铭是对死者一生的评价,自然不能违背逝者意愿。从上面的铭文中可以看出,即便过去几十年,孙氏对少年时的果断决策还甚是得意。她大概在庆幸,当初没有走上作诗填词之路,所以才有后来她认定的"幸福生活"。

大诗人陆游以肯定和赞赏的口吻书写孙氏幼时拒学之事,足见"女子无才便是德"的封建观念,在那样的时代是何等的根深蒂固。

史学家司马光在著作《家范》中,曾大书特书"今人或教女子以作歌诗,执俗乐,殊非所宜也",就连大才女班昭也认为"妇德不必明才绝异也",何况常人?

每个人都有每个人的活法,强求不来。

我们该庆幸的是,李清照遇到极其开明的父母何其有幸,让她自幼饱读诗书,无拘无束,活泼向上,才有后来的"千古第一才女",才留下这么多脍炙人口的诗词,千秋万代以飨众生。

可惜的是,绍兴二十五年(1155)后,行疏迹远,风住尘香,李清照再无消息。

悲乎!一代词宗竟湮没于红尘,一如市井间巷里的寻常迟暮老妪,晚景惨淡,在纷飞战火中,在颠沛流离中,不知所终。

第五节　花中一流

如果说古代文学是浩如烟海的大森林，每一位文学家都是一棵树，它们或高大，或矮小，或粗壮，或纤细，或挺拔，或婀娜，风姿各异，各自占据自己的位置。这些树木中，大多浓荫成盖，偶尔透露几点嫣红，便别有风情，那便是数量不多的女文学家。

这些嫣红，细寻起来有些踪迹，若是极目看去，却又湮没在浩瀚的丛林中了。

当然，也有例外，这便是李清照。她，不仅是华夏历史上成就最高、最负盛名的女文学家，而且和任何一棵大树比起来，都毫不逊色。"千古第一才女"的称谓，非她莫属，千年才有如此一人。

她，不仅仅是宋代伟大的女词人，也是迄今为止中国文学史上最伟大的女词人，被誉为"词中之屈李，闺中之苏辛"，婉约词派"一代词宗"。

她，拥有一段令世人羡慕的爱情，他们情投意合，互为知己。

丈夫赵明诚赞她"清丽其词,端庄其品,归去来兮,真堪偕隐"。新婚后她爱屋及乌,和丈夫一起到大相国寺淘选金石碑碣、书画古玩和古籍善本,遇之中意,则不惜典当衣物斥资相购。在青州故居归来堂,夫妻俩赌书泼茶,夫唱妇随,投入全部精力,置身于金石文物的研究。在她的协助下,丈夫赵明诚励精图治,完成皇皇三十卷《金石录》的著述。赵明诚去世后,她不负重托,以莫大的责任和勇气,带着倾注丈夫一生心血的金石文物、字画古器,舟车跋涉,负重前行,像爱护自己的脑袋和眼睛一样,守护着这些藏品。垂暮之年,她殚精竭虑、用尽心力笔削整理丈夫的遗著,以带病之身,呕心沥血地撰写《金石录后序》,将丈夫未竟的事业进行到底。

她,一生秉持独立的灵魂和飞扬的心性,其诗词,语出平常而不同寻常,信手拈来却有千锤百炼的劲道,神韵天然,雄壮之气直欲压倒须眉。

她不算高产,一卷《漱玉词》,流传下来的诗词不过四五十首,却"无一首不工"。如沁人的瑞脑香,氤氲在生活的角角落落;又如一弯淡月,清朗地照拂寂寞的心灵。

她创立的"易安体",明白如话而清新工巧,音律谐美且情感深挚,清丽温婉又兼刚健洒脱之气,实实在在地践行了"词别是一家"的理论主张,深深影响着后代词人,辛弃疾仿而效之。稼轩原字坦夫,后改字幼安,与易安并称"济南二安"。可见,"词中之龙"辛弃疾亦是易安的追随者。

她的诗词广为传播,受到世人的普遍偏好,后人常常循着她的文字,穿越时空与她同频共振。"倚门回首,却把青梅嗅"的青涩纯真,"怕郎猜道,奴面不如花面好"的娇憨率性,"帘卷西风,人比黄花瘦"的入骨相思,"冷冷清清,凄凄惨惨戚戚"的孤独凄冷,让人在深深的沉湎里追思仰慕。

不独诗词。她还精于考校金石,通音律,善博弈,乃至医药学也略知一二,可谓多才多艺,星光耀目。就连对李清照再嫁风波颇有微词的同代学者王灼,亦不得不心服口服地承认"自少年便有诗名,才力华赡,逼近前辈"。

岂止"逼近前辈"?她的《词论》,首开先河,臧否古今,鞭辟入里,在文学批评史上堪称一家之言,是古代女性文学批评的第一篇专文。

她学富五车,却空有"谁遣好奇士,相逢说项斯"的胸怀抱负,在流离失所中苟全性命,在风雨如晦中空对烛红,在病起萧萧中煮酒笺花。她曾经像桂花那样风度鲜明,却最终难堪雨藉,似江梅一枝熬清守淡。她曾经像荷花一样丰盈华润,到头来却香消雪减,人比黄花更瘦。

她,见证了盛世北宋的最后狂欢,身历南宋偏安一隅的黍离之悲。国破家亡、风雨飘摇之际,她关心民瘼,以倔强的性情,凛然执笔讽喻今古,"生当作人杰,死亦为鬼雄"。即使在历尽沧桑、饱经忧患的晚年,她依旧敢爱敢恨,忧国忧民,毅然以"欲将血泪寄山河,去洒东山一抔土"的血气方刚,为抵御强虏铿锵发声,以倜傥男儿之气概,呼喊出时代的最强音。

她的出现,有力地抨击了"女子无才便是德"对古代女性的压抑,在女性文学史失衡的天平上,掷上一枚重量级筹码。

胡适赞她是"宋代的一个女文豪",木心先生说"她的平生就是艺术品"。作家梁衡更是由衷赞赏:"以女人之身,求人格平等、爱情之尊;以平民之身,思公卿之责,念国家大事。她情超脱于女人,义超脱于平民,是乱世中的美神。"这等美誉,李清照当之无愧。

在她诞辰九百年之际,水星上一座环形山以她的名字命名,是15个以中华民族人物命名的水星环形山之一,这座李清照环形山与日月齐辉,与华夏河山同在。

"造化可能偏有意,故教明月玲珑地。共赏金尊沉绿蚁,莫辞醉,此花不与群花比。"

她是花中第一流,淡月疏梅,一枝独秀,人共词清瘦。